해피리치의 지갑에는
무엇이 들었을까

● 인문학으로 배우는 행복한 리치 마인드 ●

해피리치의 지갑에는 무엇이 들었을까

HAPPY 한지우 지음 RICH♥

미디어숲

차례

인생의 '콴'을 찾아 해피하게, 리치하게!

잊을 수 없는 명대사가 떠오르는 영화들이 있습니다. 저에겐 톰 크루즈 주연의 〈제리 맥과이어〉라는 영화가 그렇습니다. 영화는 철저하게 자본의 논리로 작동되는 미국 프로스포츠 에이전트의 세계를 그립니다. 엘리트 스포츠 선수들과 에이전트를 중심으로 일어나는 사건들에서 우리 삶의 중요한 문제를 돌아볼 수 있는 명작입니다.

꽤 오래된 영화이지만 시간이 지나도 잊히지 않는 대사가 있습니다.

"Show me the money."

저 문구는 국내 힙합 오디션 경연 프로그램명으로 널리 알려졌습니다. 그래서인지 저는 그 프로그램과 문구를 접할 때마다 영화 〈제리 맥과이어〉의 해당 장면이 떠올랐습니다.

'Show me the money'라는 말은 직역하면 '돈을 보여 줘'이고, 의역하면 '돈 내놔', 조금 더 부드럽게 해석하면 '그래서 넌 내게 어떤 이득을 줄 수 있는데?'라는 뜻이죠. 시간이 흐른 뒤에 저는 우연한 기회에 영화를 다시 보게 되었습니다. 그리고 또다시 잊을 수 없는 명대사를 발견했습니다.

'해피리치'로 행복하고 부유하게 살아가다

'Show me the money'에 가려져 전혀 보이지 않던 '콴Kwan'이라는 단어가 들어왔습니다. 콴Kwan은 영화 속 주인공 중 한 명인 미식축구 선수 로드 티드웰이 자신의 가치관을 말할 때 사용한 단어로 그가 직접 만들어 냈습니다. 로드는 콴에 대해 이렇게 말합니다.

"콴은 돈과 사랑과 이 세상의 모든 소중한 걸 의미해!"

즉, '콴'은 삶의 중요한 가치이자 목적입니다. 여기서 로드는 아주 중요한 말을 합니다. 그는 우리 인생은 '돈' 없이 '콴'을 얻을 수는 없지만

'돈'을 가진다고 꼭 '콴'이 따라오는 것은 아니라고 말합니다.

그렇게 영화에서 로드는 주인공 제리에게 '큰돈을 벌게 해 줘Show me the money'라고 외치다 영화 후반부에서 이렇게 말합니다.

"넌 나의 콴이자 영웅이야."

그렇게 두 사람은 철저하게 '돈'으로 작동되던 세상에서 돈과 사랑과 우정을 얻는 삶의 중요한 협력자가 됩니다.

영화 이야기를 조금 더 해 보겠습니다. 대형 스포츠 에이전시에서 근무 중인 주인공 제리는 '돈'과 '성공'을 추구하는 삶을 살아갑니다. 그러던 어느 순간 공허함을 느끼고 회사 동료들에게 일을 줄이고 고객인 선수들에게 진심으로 서비스를 제공하자는 새로운 방식을 제안하는 편지를 씁니다. 하지만 이 일을 계기로 회사에서 쫓겨나게 되고 하루아침에 홀로서기를 감행해야 했죠. 현실은 녹록지 않았습니다. 돈으로만 작동되는 세계의 문제점을 느끼고 떠났지만, 그조차도 사랑이나 우정보다는 '성공'이나 '돈'을 추구해 왔던 사람이었기 때문에 자신의 '일' 외에는 모든 것이 서툽니다. 하지만 그는 '돈과 행복'이라는 양극단으로 보이는 두 세계의 절묘한 균형을 찾아냅니다. 경제적으로 성공하고, 사랑하는 가족을 되찾고, 진실한 친구를 얻은 것이죠.

영화에 나오는 '콴'이야 말로 제가 찾고 있던 진정한 풍요로움을 설명하는 단어였습니다. '돈' 없이는 불가능하지만 '돈'만으로는 얻기 힘든 그런 균형 잡힌 상태입니다. 이것이 이상적인, 바로 제가 살고 싶은 삶의 모습이었습니다. 또 아마도 많은 사람이 추구하는 삶일 겁니다.

저는 수년간 치열하게 '진정한 행복'을 의미하는 '콴'을 찾은 사람들을 추적하고 탐구했습니다. 제가 발견한 이들은 모두 경제적 자유를 누렸고, 그 자유를 토대로 삶의 다른 중요한 가치(일, 건강, 관계, 정신)의 행복을 누렸습니다. 이렇게 인생의 '콴'을 찾은 사람을 저는 '해피리치(행복한 부자)'라고 이름 지었습니다. 그리고 그들이 삶에서 '돈'과 '행복'을 모두 얻은 방법을 정리하고자 했습니다.

해피리치의 풍요로운 삶을 알게 되자 저도 그들과 같은 삶을 꿈꾸게 되었습니다. 그리고 무엇보다 소중한 사람들에게도 그 삶의 지혜를 전해 주고 싶어졌습니다.

이 책은 '해피리치로 살아가는 법'을 담았습니다. 여러분도 이 책에 소개된 진정으로 풍요롭고 행복한 삶을 살아가는 해피리치의 지혜를 얻어 가기 바랍니다.

제 삶의 원천인 아내와 딸 그리고 어머니, 아버지, 장모님께 감사드립니다. 여러분은 저를 완전하게 만듭니다.

저자 한지우

1장

행복한 부자,
'해피리치'를 향해

오직 '머니 러시'만을 향해 달리는 사람들

"내게 쏟아지는 이 돈들을 바라봐. 기분이 정말 좋아.
(Dolla bills Dolla bills Keep on fallin for me, I love the way it feels)"

~ 리사(Lisa) <Money>의 가사 중 ~

"가즈아! 돔황챠!"

이 두 단어는 지난 몇 년간 온라인에서 가장 많이 사용된 유행어입니다. '가즈아'는 자산가치가 오를 때의 흥분이 담긴 '가자'에서 응용된 표현이고, '돔황챠'는 자산가치가 하락할 때 위험을 피하기 위해 '도망쳐'에서 응용된 표현입니다. 이 두 단어가 유행어가 되었다는 것으로 그만큼 지난 몇 년간 우리가 얼마나 요동치는 '돈'에 열광하고 좌절했는지 잘 알 수 있습니다.

최근 몇 년의 글로벌 팬데믹 시대는 역사적으로도 사회의 변동성이 극대화된 시기입니다. 코로나19 바이러스는 우리의 일상을 완전히 변화시켰고, 예상치 못했던 리스크들이 곳곳에 확대되면서 경제는 그동안 우리가 알고 있었던 것과 다르게 작동하기 시작했습니다. 이 시기 부동산과 주식 같은 전통적인 자산은 물론, '가상화폐'라는 새로운 전자화폐도 본격적인 자산으로 인정받으며 변동성을 키워왔습니다.

특히 자산가치의 상승 시기에는 '부'를 이룬 사람들의 이야기가 SNS를 중심으로 확산되면서 사람들을 열광시켰습니다. '누구누구는 몇천만 원으로 코인을 사서 몇십억 원의 이익을 봤다더라' 하는 소위 '카더라'식의 떠도는 이야기들이 지속적으로 재생산되며 '돈'이라는 주제는 말 그대로 가장 '핫'한 주제였습니다. 이런 현상은 과거 미국 서부 시대의 골드러시에 빗대어 '머니러시money rush'라고 이름 붙여지기도 했습니다.

'골드러시'는 19세기 미국 서부에서 금광이 발견되자 전 세계 사람들이 몰려든 현상입니다.[1] 골드러시의 시기에 많은 사람이 금광을 찾아 나선 것처럼 21세기 사람들은 다시 부동산, 주식, 가상화폐 등의 자산에 몰려들었죠. 이처럼 성별과 직종을 불문하고 돈과 관련된 주제는 많은 이에게 관심사가 되었습니다.

현대인들이 이렇게 돈에 대해 뜨거운 반응을 보이는 이유는 크게 두 가지입니다.

첫째, 돈의 가치가 확대되었기 때문입니다. 돈은 우리가 살고 있는 자본주의 체제를 작동하게 하는 중요한 도구죠. 단순한 교환 수단이었던 돈은 자본주의가 발달하면서 입지가 커져서 현재는 그 어느 때보다 높은 가치를 갖게 되었습니다. 모바일의 출현과 핀테크 기술의 발전으로 인한 간편 결제, 모바일 뱅킹, 가상화폐 등을 통해 '돈'이라는 건 이제 동전과 지폐와 같은 원시적 도구에서 언제 어디서든 통용될 수 있는 서비스의 대체 수단이 되었습니다.

그러니 현대인들은 이제 돈만 있으면 불가능한 것이 없고 그로 인해 삶의 안정성이 높아지고 더 큰 선택권을 가질 수 있다고 믿게 되었죠. 그리고 미디어나 SNS 등과 같은 매체에서 마치 옆집 형, 언니 같은 인물들이 '영 앤 리치Young&Rich', '슈퍼리치Super-rich'라는 타이틀을 달고 우리의 마음을 더욱 빈곤하게 만들죠. 우리는 젊은 나이에 원하는 것을 얻고 멋진 여행지로 언제든 떠나는 그들의 모습을 동경합니다. 이처럼 돈의 가치는 날이 갈수록 크게만 느껴집니다.

둘째, 현대인의 삶이 점점 불안해지고 있다는 것입니다. 현대사회는 불확실하고 복잡하며 모호하다는 의미의 '뷰카VUCA, Volatile, Uncertainty, Complexity, Ambiguity의 시대'라고도 불립니다. 각종 질병과 재해는 끊이지 않고 나타나며 사람들은 불안에 시달립니다. 게

다가 평균 수명은 길어지고 일할 수 있는 정년은 점점 짧아지고 있습니다. 최근에는 로봇과 인공지능 기술이 발달하여 사람들의 일자리를 위협한다는 뉴스가 심심치 않게 들려옵니다. 그러다 보니 사람들은 불안한 마음을 해결해 줄 수단으로 '돈'에 더욱 주목하게 되었습니다.

그리고 현대 도시는 현대 자본주의의 심장과 같은 곳으로 철저하게 자본주의의 논리로 작동됩니다. 그래서 현대인은 '돈'이 없으면 아무것도 할 수 없을 것 같은 느낌을 받습니다. 돈이 없으면 한 끼의 식사도 해결할 수 없고, 잠시 쉬어갈 곳도 찾기 어렵기 때문입니다. 그래서 '돈'을 생존을 위한 필수품이라고 생각하게 되었습니다.[2] 도시인, 즉 현대인들에게 돈이 없다는 것은 엄청난 공포 그 자체입니다.

제2의 아메리카, 대한민국

"어떤 의미에서 보면 ○○인은 세계에서 가장 가난한 국민이다.
막대한 돈을 축적한 사람들도 사고방식은 가난뱅이와 같기
때문이다."

이 문장은 프랑스의 문화 심리학자 클로테르 라파이유^{Clotaire} Rapaille가 어떤 나라 사람들을 오랫동안 관찰하고 내린 결론입니다. 여러분이 보기에 ○○은 어느 나라일 것 같나요?

세상에서 가장 가난한 국민이 사는 나라는 바로 '미국'입니다.

클로테르 라파이유는 미국인들의 문화 코드를 제삼자의 눈으로 정교하게 제시해 많은 지지를 받았습니다. 그가 제시한 미국인들의 문화 코드 중 하나는 바로 '돈에 대한 집중'입니다.[3]

프랑스인인 그의 눈에 미국인들이 가진 돈에 대한 태도는 독특했습니다. 그는 미국인들은 조상으로부터 물려받은 유산이 얼마 없고, 미개척지인 서부를 개척해야 하는 척박한 역사적 배경이 이런 문화 코드를 만들어 냈다고 보았습니다. 즉, 모두가 무일푼인 가난뱅이로 출발한 셈입니다. 실제 풍요로운 사회가 되었음에도 미국인들의 사고방식에는 '무無'에서 이루어냈다는 생각이 강하게 남아 있습니다. 그들은 일을 찬양하고 단순한 '부'가 아닌 아주 큰 부를 이루는 것을 강조합니다. 그래서 성공한 사업가인 빌 게이츠, 스티브 잡스, 일론 머스크, 워런 버핏은 미국 국민에게 대중적인 슈퍼스타로 보입니다. 그리고 『성공하는 사람들의 7가지 습관』, 『부의 추월차선』과 같이 성공과 부를 다룬 책은 베스트셀러가 됩니다.

이처럼 미국인들에게 돈은 성공의 척도이고, 적은 월급으로 근근이 사는 인생은 실패나 다름없습니다. 돈이 충분히 많은 데도 계속 돈을 더 벌기 위해 노력하는 미국인의 모습은 유럽인에겐 다소 이해할 수 없는 태도입니다.

그런데 이런 미국인들의 모습, 어딘가 익숙하지 않나요? 게다가 이런 생각마저 듭니다. '뭐가 잘못된 거지? 다들 그렇게 살지 않나?' 이런 생각이 드는 이유는 바로 우리가 한국인이기 때문입니다. 한국인들의 눈에는 미국인의 태도가 그렇게 이상하지 않습니다. 우리도 비슷한 문화 코드를 가졌기 때문이죠.

한국 사회는 종종 미국보다 더 미국적인 '작은 미국'이라고도 불립니다.[4] 한국 사회에서도 성공한 사업가는 신화 속 영웅처럼 받아들여지고, 미국처럼 부에 관련된 책들이 연일 베스트셀러가 됩니다. 그래서 만약 클로테르 라파이유가 한국인의 문화 코드를 먼저 분석했다면 저 ○○ 속에 한국이 들어갔을지도 모릅니다.

미국의 여론조사기관 퓨리서치센터가 한국을 비롯한 17개 선진국 성인들을 대상으로 '자신의 삶을 의미 있게 만드는 가치는 무엇인가'를 물어본 결과, 대부분은 '가족'을 의미 있는 삶의 큰 원천으로 꼽았습니다. 그런데 17개국 중 한국인만 유일하게 다른 가치를 꼽았습니다. 바로 '물질적 풍요Material well-being'입니다. 응답자들은 내 집 마련, 여가 활동을 즐길 수 있는 여유자금 등을 이유로 물질적

풍요를 삶의 가장 큰 가치로 본 것입니다.[5]

이처럼 우리 사회는 '돈'에 집중하고 물질적 풍요로움을 삶의 중요한 가치로 생각합니다. 심리학자 허태균 교수는 그에 대한 이유를 한국의 역사적 맥락 속에서 찾습니다.

돈으로 모든 것을 해결하는 왜곡된 부의 심리

한국인은 전 세계에서 유례가 없을 정도로 급속한 사회경제 발전을 단기간에 이루었습니다. 한 인간으로 따지면 질풍노도, 극도의 불안과 흥분 상태인 '사춘기'의 심리상태입니다. 이 심리상태에서는 추상적인 내면의 소프트웨어보다 오감으로 느낄 수 있는 확실한 하드웨어를 중요하게 생각합니다. 그래서 한국 사회에서는 여전히 생존경쟁이 심하고 눈으로 보이는 확실한 것을 믿으려는 성향이 강합니다. 이는 우리 사회에서 특유의 물질주의, 성공지상주의, 결과주의, 단기적 전략 선호 등의 현상들이 나타나는 이유입니다. 그래서 대한민국 사회는 눈으로 볼 수 있고 수치화할 수 있는 '돈'에 집중하는 문화와 '부'에 대한 가치관이 그에 맞게 형성되었습니다.[6]

무엇보다 한국인에게는 '부자를 동경하고, 부자가 되면 삶의 문제가 해결될 것'이라고 믿는 심리 코드가 있습니다.[7] 바로 여기서 문제가 생깁니다. '왜 돈을 버는지' 이유도 모르는 채 맹목적으로 좇아가며 부작용을 낳는 겁니다.

물론 이런 심리상태가 오래전부터 지속되어 온 것은 아닙니다. 1990년대 이전에는 가난하지만 작은 것이라도 이웃과 나누는 화목한 모습이 보였습니다. 하지만 21세기 이후는 예전보다 훨씬 풍족해졌지만 빈부의 격차는 극심해졌습니다. 너도나도 상류층에 오르기 위해 경쟁은 더욱 심화된 모습입니다.[8] 풍요로워지면 행복해질 줄 알았는데 딱히 그렇지도 않습니다.

왜 그럴까요? 물질적인 가치관을 가진 사회에서는 '돈'의 크기가 그 사람의 가치로 여겨지기 때문이죠. 심리학에서는 물질주의적 가치관이 팽배한 사회의 사람들은 돈이나 명예, 권력을 중요하게 여기며 그것 자체를 행복으로 여긴다고 합니다. 그러니 이러한 가치관 속에서 살아가는 사람들은 돈이 없으면 불행하고 자신의 존재마저 하찮게 여겨지며 존중받기 어렵다고 느끼게 되죠. 그래서 이런 가치관 속에 살아가는 사람들은 가능한 한 많은 소유물을 가질 때 비로소 만족을 느낍니다.

현재 대한민국 사회를 살아가는 사람들에게 '돈은 그다지 중요하지 않아', '돈이 없어도 행복할 수 있어'와 같은 말은 공허하게 들립니다. 슬프게도 우리에게 '돈'은 성공의 척도이자 삶의 행복이라는 목적을 이루는 결정적인 수단이기 때문이죠.

그렇다면 여기서 중요한 질문을 하나 던집니다.

'과연 돈이 진정한 행복을 이루는 결정적 수단이 될까?'

생각을 키우는 씨앗 질문

자본주의의 교과서라 불리는 미국의 현실, 그리고 도플갱어처럼 닮아가는 대한민국의 현재, 다소 풍족해 보이는 두 나라를 아무도 '행복한 국가'라 부르지 않는 이유는 무엇일까요?

부자들은 과연
오랫동안 행복할까?

"소유 지향의 태도는 타인을 배제하며, 나의 재산을 지키고
그것을 생산적으로 활용하려고 부심하는 것 이외에는
자신에게 다른 노력을 요구하지 않는다."

~ 철학자, 에리히 프롬 ~

전 세계적으로 흥행을 하고 에미상 감독상과 남우주연상 등의 6개 부문을 수상한 넷플릭스Netflix 오리지널 드라마 〈오징어 게임〉에는 이런 장면이 나옵니다. 오징어 게임을 만든 노인 오일남이 죽음을 앞두고 주인공 기훈을 만나 대화를 합니다. 기훈이 이 잔혹한 생존 게임을 만든 이유를 오일남에게 묻자 그는 이렇게 답합니다.

"돈이 하나도 없는 사람과 돈이 너무 많은 사람의 공통점이 뭔 줄 아나? 사는 게 재미가 없다는 거야. 돈이 너무 많으면 아무리 뭘 사고, 먹고 마셔도 결국 다 시시해져 버려."

대사가 끝나면 무언가를 상징하듯 카메라는 초침이 오가는 시계를 클로즈업합니다. 저는 이 장면이 〈오징어 게임〉에서 가장 인상 깊었습니다. 뭐랄까, 드라마에서 전하고자 하는 주제를 가장 명확하게 드러내는 것 같았습니다. 이 장면에서 저는 철학자 쇼펜하우어가 떠올랐습니다.

쇼펜하우어는 인간을 '욕망의 존재'라고 봅니다. 그에 따르면 인간은 한평생 끝없는 욕망에 시달리는 존재입니다. 그래서 그는 "인생은 고통과 권태 사이에서 오락가락하는 시계추와 같다"라고 말했지요. 이 말의 의미는 우리의 욕망이 충족되지 못하면 결핍으로 고통을 느낄 것이고, 욕망이 충족될지라도 금방 싫증을 느끼거나 지루해지는 권태로움에 빠질 것이라는 의미입니다. 즉, 어떤 욕망의 충족으로 세상을 살아가는 것은 결핍의 고통과 충족의 권태 속에서 계속 번민하는 것이기에, 〈오징어 게임〉에서처럼 사람들은 돈이 없어서 생존하기 위해 고통을 받기도 하고, 또 주체할 수 없을 정도로 너무 많은 돈을 벌어 모든 것이 무감각해지는 권태로움에 빠지기도 합니다. 무언가 뒤틀린 이런 상황 속에서는 부자도 빈자도 모두 행복하지 못하고 고통에 빠집니다. 〈오징어 게임〉이 전 세계적으로 흥행할 수 있었던 것은 바로 이런 모순적인 자본주의 체제와 부조리한 상황 속에서 살아가는 인간상에 대한 보편적인 공감을 불러왔기 때문입니다.

'부자'의 기준은 어느 정도일까?

저는 중·고등학교나 대학에서 종종 진로 관련 특강을 진행하곤 합니다. 강의 때마다 제가 던지는 질문이 하나 있습니다.

"성공을 생각하면 떠오르는 사람의 이미지가 무엇인가요?"

이 질문에 대한 답변은 10여 년의 기간 동안 변화해 왔습니다. 예전에는 '대기업 직장인', '공무원', '전문직' 등에 대한 대답이 주를 이루었습니다. 그런데 최근에는 '건물주', '주식이나 코인으로 대박이 난 파이어족', '부촌의 아파트 주민', '고급 외제차 주인' 등의 답변이 많아졌습니다.

이런 답변의 변화를 보면서 성공의 기준이 '직업'에서 '자산'으로 변화했다는 것을 알게 되었습니다. 과거에는 좋은 직장에 입사하거나 전문직을 갖는 것이 성공의 기준이었다면 최근에는 돈이나 부동산, 주식과 같은 많은 자산을 가진 사람이 부의 상징이 되었습니다. 이는 가치관이 변화되었다는 뜻이기도 합니다. 이런 가치관을 가진 세대가 성인이 되고 사회의 주역이 될 미래에는 더 많은 사람이 아마도 단순히 '돈의 많고 적음'을 성공의 기준으로 삼겠죠.

그러면 우리 사회가 소위 '부자'라고 칭하는 이들의 소득 기준은 어느 정도일까요? 이들의 기준은 생각보다 무척 높습니다. 대대수가 인정하는 진정한 부자는 한국 상위 1% 소득을 누리는 사람들입니다. 물론 성인이 되면서 조금씩 현실을 인식하고 기준점이 낮아지겠지만 여전히 많은 청소년과 청년은 큰 부자, 즉 '슈퍼리치'를 성공의 기준으로 삼고 있습니다.

부의 가치를 비교하면 불행이 따라온다

상황이 이렇다 보니 과거의 부의 기준은 더 이상 통용되지 않습니다. 즉, 부의 기준이 계속해서 높아진다는 것은 우리가 여전히 인생의 풍요로움의 기준을 높여 점점 다가가기 어려운 수준으로 만든다는 겁니다.

부자의 기준은 보통 상대적입니다. 특히 시대에 따라 부의 기준은 꾸준히 커져 왔습니다. 영어로 '백만장자'를 뜻하는 '밀리어네어 millionaire'는 오랜 시간 부자의 상징과 같은 단어였습니다. 하지만 이제 백만장자는 더 이상 부자가 아닙니다. 현재 부자의 기준은 천만장자 혹은 억만장자인지도 모릅니다. KB 경영연구소에서 발간한 부자보고서를 보면 한국인들이 생각하는 부자의 최소 자산 기준은 총자산 100억 원 이상이라고 합니다.[9]

세계적 세일즈 트레이닝 전문가 그랜트 카돈Grant Cardone은 자신의 유튜브 채널에서 백만장자는 중산층이고, 돈에 시달리는 사람들이라고 합니다. 그에 따르면 현대사회에서는 100억 정도는 있어야 수입 없이 생활이 가능하기 때문에 이 정도는 돼야 부자라고 칭할 수 있는 것이죠. 이런 상대적 부의 논리에서 우리가 부자가 되려고 노력하다 보면 또 몇 년 후 부의 기준은 200억, 300억으로 높아져 있을 수도 있겠지요.

즉, 우리는 부자가 되려고 노력하지만, 실제 부자라고 느낄 수 있는 상대적 기준은 계속해서 높아지고 있습니다. 그러니 설사 부자가 되더라도 여전히 충분히 부자가 되었다는 느낌을 얻기 어렵습니다. 그래서 결국 우리는 끝을 알 수 없는 더 큰 부를 얻기 위해 더 노력해야 하는 딜레마에 갇히게 됩니다. 우리는 언제쯤 부자가 될 수 있을까요? 부자가 된다고 한들 경제적 가치는 늘 상대방과 비교될 겁니다.

SNS용 과시적 풍요가 낳은 심리적 가난

심리학에서는 돈을 성공의 여부, 행복의 원천, 사람의 가치 평가 기준으로 보고 재산을 모으기 위한 활동에 집중하는 사람을 '물질주의자'라고 정의합니다. 물질주의자는 돈이 있어야 행복해질 수 있다고 믿는 사람입니다. 그런데 심리학의 많은 연구는 물질주의가 행복이 아닌 불행을 야기할 수 있다고 경고합니다. 물질주의 성향은 충동 구매, 약물 중독, 낮은 자존감, 우울증과 불안, 낮은 삶의 만족 등과 상관관계가 있습니다. 흥미로운 점은 이런 물질주의적 성향을 갖게 된 계기는 경제적 위협으로 받은 상처에 기인하는 경우가 많다는 것입니다.[10]

즉, 경제적 어려움으로 받은 상처나 두려움이 클수록 물질주의 성향이 강해진다는 것입니다. 이런 물질주의 성향은 과도하게 큰 부를 추구하게 만들 수도 있습니다. 돈과 물질에 과도하게 집중해 경제적인 풍요를 최우선으로 생각하며 살아가기 때문입니다. 이런 분위기 속에서 많은 이는 이제 단순한 슈퍼리치를 넘어 보다 젊은 나이에 빠르게 부자가 된, '영 앤 리치'의 삶을 꿈꿉니다. 이제는 양적인 풍요에 만족하지 못하고 속도까지 추구하게 된 것이죠.

물질주의적 가치관의 가장 큰 문제는 세상을 위계적으로 바라보는 경향을 가지고 있다는 것입니다.[11] 이 가치관은 돈과 소유물의 크기로 사람의 가치를 측정합니다. 이렇게 되면 문제는 실제 충분히 부를 이룬 사람도 위계적으로는 여전히 부족한 사람이 되는 것입니다. 10억이 목적이었던 사람은 20~30억을 가진 사람과 자신을 비교하게 되고, 20~30억을 가진 사람은 50~100억을 가진 사람들과 비교하게 됩니다. 우리는 돈을 충분히 벌면 만족할 것이라고 착각하곤 하는데 이는 쉽지 않습니다. 물질주의의 위계적 세계관에서 우리는 항상 돈의 부족함을 느끼면서 살아갈 수 있습니다.

또한 SNS와 같은 뉴미디어의 출현은 정보를 빠르게, 효과적으로 교류할 수 있게 만들어주었지만, 동시에 자신과 견해가 같은 사람들하고만 소통하고 이를 강화하는 부작용을 낳기도 합니다. 이를 '에코 체임버 효과echo chamber effect'라고 부르는데 생각이나 신념, 정치적 견해가 비슷한 사람끼리 서로 정보를 공유함으로써 기존의 신념이나 견해를 더욱 강화하는 상황을 설명하는 용어[12]입니다. 이러한 세계 속에서 우리 사회에 형성되어 있는 물질주의적 가치관은 점점 더 강화되고 있습니다.

부자들의 심리적 빈곤

사회심리학자 에리히 프롬Erich Fromm은 현대인들의 이런 삶의 방식에서 위험을 감지했습니다. 그는 현대 산업사회가 병들어 있다고 보았고, 이런 사회가 사람들을 고통에 빠지게 하는 악순환을 낳고 있다고 보았습니다. 그래서 그는 현대인의 물질주의적 성향의 삶을 '소유 지향적 삶'이라고 보고 이 삶의 방식이 가진 위험성을 신랄하게 비판하고 경고합니다. [13]

프롬은 현대인의 소유 지향적 정신은 소비주의와 결부되어 있다고 보았습니다. 무엇인가 자꾸 소유해야만 행복한 사람은 소비를 통해 욕망을 충족하는 방식의 행복을 추구합니다. 이런 삶의 방식은 사람들을 자기중심적이고 감각적인 쾌락만 충족하려 하는 '쾌락주의자'로 만들죠. 더 큰 문제는 이런 삶의 방식이 우리를 '욕망의 노예'로 만들어버린다는 것입니다. 이 욕망이 문제가 되는 것은 돈이나 물건이 해결해 줄 수 있는 것에는 한계가 있기 때문입니다. 작은 것에 만족하지 못하고 어떤 대상에 중독되어 더 큰 자극만을 찾게 만듭니다. 그러면 더욱 탐욕스러워질 수밖에 없으며, 소유해야 할 대상을 둘러싸고 다른 사람들과 경쟁하고 적대시할 수밖에 없는 상황에 몰리게 되죠. 결론적으로 이렇게 부를 추구하고 많은 것을 소비하는 삶의 방식은 궁극적으로는 인생의 진정한 기쁨이나 희열과는 거리가 먼 병적인 측면이 있다는 것입니다.

그래서 물질주의적 가치관을 가진 사람은 진정한 행복을 느끼기 어렵습니다. 이들은 끊임없이 사회가 조장하는 소비주의 속에서 돈을 많이 벌고 소비해야 행복하다고 믿으며 살아갑니다. 그런데 문제는 이 세계 속에서는 성공한 사람들조차 진정한 부를 누리기보다 부자이면서 가난한 삶을 살아갑니다. 무엇보다 자신이 풍요 롭다는 것을 보여주는 데 집중하기 때문에 진짜 하고 싶은 것을 망각하게 됩니다. 이로 인해 이들의 자산은 늘어나지만, 마음은 가난한 상태에 머뭅니다. 그래서 예전보다 훨씬 더 많이 벌고 많이 소비하지만, 언젠가 이 풍요가 사라질지도 모른다는 두려움에 빠져 살게 됩니다.

생각을 키우는 씨앗 질문

SNS 속 인플루언서들의 과시적인 태도는 어떤 심리에서 출발했을까요?

새로운 부의 개념을
뇌에 장착하라!

"저는 당신의 고귀했던 포부들이 하나씩 꺾여
마침내 돈이 당신을 독점하게 되는 것을 지켜봤어요."

~ 『크리스마스 캐럴』 중에서 ~

여러분은 '파이어족'이라는 말을 들어 본 적이 있나요? 파이어족이라고 해서 'Fire', 불을 생각하는 사람들도 있습니다. '젊은 시절을 워커홀릭처럼 불태우고 나머지 인생을 여유 있게 사는 사람들인가?'라고 해석하는 사람들도 있겠죠. 파이어족은 FIRE, 'Financial Independent Retire Early'의 약자입니다. 해석하면 '경제적 독립으로 빠른 은퇴를 선택하는 사람들'이죠. 이들은 최소한의 소비를 하고 극단적으로 저축해 빠르게 목표한 자산을 달성합니다. 그래서 빠르면 30대, 늦어도 40대에는 직장을 그만둡니다. 그후 여가 활동을 하거나 좋아하는 일, 혹은 사회봉사 등의 진심으로 원하는 삶을 살아가죠.

웹사이트에서 '파이어족'을 검색해 보면 '빠른 은퇴', '최소한의 소비', '다양한 소득의 파이프라인', '불로소득Passive income으로 생활하기' 등이 검색됩니다. 제가 이 단어를 처음 듣게 된 것은 한 투자 스터디에 참여하게 되면서부터입니다. 그 모임은 주식투자를 통해 빠른 시기에 경제적 자유를 얻는 것이 목표였습니다. 그렇게 저도 큰돈을 벌어 빠르게 경제적 자유를 얻고 은퇴하는 것이 '파이어족'의 라이프스타일이라고 생각했습니다.

하지만 제가 파이어족에 대해 관련된 책과 라이프스타일을 추적하면서 '파이어족의 이미지가 대단히 잘못 전해지고 있구나'라는 생각을 하게 되었습니다.

파이어족의 허상

'파이어족'의 라이프스타일이 국내에 본격적으로 등장하게 된 것은 글로벌 팬데믹의 영향이 큽니다. 자산가치가 상승하자 주식이나 부동산, 가상화폐에 투자하여 경제적 자유를 얻은 사람들이 등장했습니다. 이들의 영향으로 많은 사람이 돈에 관심을 갖고 공부하기 시작했습니다. 미디어에서는 이미 삶의 목적지에 도달한 것처럼 보이는 30~40대 젊은이들이 '파이어족'으로 불리며 멋진 인생을 사는 모습을 보이곤 했습니다. 파이어족의 자유분방하고 여유로운 모습에 젊은 세대들은 환호하였습니다.

그런데 이들의 행복이 얼마나 오래갈지는 증명되지 않았습니다. 젊은 시절 벌어둔 자금으로 남은 인생을 얼마나 풍족하게 살 수 있을지도 아직 모릅니다. 평생 중 겨우 1/3, 아니 20대부터 일한다고 치면 겨우 십여 년 축적한 자산으로 남은 2/3의 인생을 여유 있게 살아갈 수 있을까요? 게다가 더욱 심각한 것은 돈의 가치가 떨어지고 물가가 상승한다는 겁니다.

지금까지의 역사가 말해 준 것처럼 자산가치가 영원히 오르는 것은 아닙니다. 포스트 코로나 시대에 진입하여 세계적인 금리 인상으로 자산가치는 하락했습니다.

보통 파이어족의 노후자금 전략으로 잘 알려져 있는 '4% 법칙'은 연간 생활비의 25배를 모은 후 매년 약 4%를 지출하면서 일하지 않고 투자 수익만으로 여생을 여유롭게 보내는 것입니다. 예를 들면 은퇴 시에 약 10억 정도의 돈이 있다면 원금의 4%인 4,000만 원 정도를 연간 생활비로 사용하며 사는 것입니다. 그런데 인플레이션과 기대수명이 늘어나면서 4%의 법칙이 한계에 직면했습니다. 특히 자산가치가 전반적으로 하락하는 상황에서 꾸준한 수익을 내는 것이 매우 어렵다는 것을 알게 되자 최근 파이어족을 꿈꾸던 2030 세대들이 다시 일터로, 일상으로 복귀하기 시작했습니다.[14]

파이어족의 소중한 자산은 '시간'이다

이렇게 파이어족의 라이프스타일에 대한 관심은 뜨거웠지만, 현재는 그 열기가 조금 식은 상황입니다. 뜨거운 현실의 맛을 보게 된 것이죠. 여기서 또 하나, 파이어족의 부상에서 놓치고 있는 것이 있습니다. 바로 파이어족의 라이프스타일이 가진 진정한 의미입니다.

빠르게 자산을 모아서 은퇴하는 삶의 방식은 파이어족의 진정한 의미를 축소시킵니다. 현대사회는 산업화 시대, 민주화 시대를 넘어 '라이프스타일의 시대'라고 불립니다. 이 시대에는 소비를 통해 삶의 의미와 정체성을 찾습니다. 이런 라이프스타일은 기본적으로 돈과의 관계 설정에서부터 자신의 정체성을 확립해 갑니다.

그동안 우리 인류는 이런 라이프스타일에 대한 실험을 꾸준히 해왔습니다. 역사적으로 부르주아Bourgeois, 히피Hippie, 보보스 Bobos, 힙스터Hipster, 노마드Nomad 등의 라이프스타일이 출현했습니다.[15] 이들은 자본주의에서 돈, 혹은 물질과의 관계 설정을 토대로 드러나는 삶의 방식입니다. 대표적으로 부르주아는 물질주의적 가치관을 통해 큰 부를 얻는 것을 가장 중요한 삶의 가치로 두었고, 히피는 탈물질주의적 가치관을 통해 돈과 명예에 적극적으로 저항하거나 외면하고 새로운 대안을 모색합니다. 그리고 보보스, 노마드, 파이어족과 같은 라이프스타일은 각자의 방식으로 자본주의의 시스템을 인정하고, 그 안에서 물질주의와 탈물질주의의 공존을 모색합니다.

그런 맥락에서 파이어족 라이프스타일의 핵심은 자본주의 사회에서의 '돈'이 줄 수 있는 이점을 잘 활용해 '보다 의미 있는 활동에 집중하는 것'입니다. 이를 위해 검소한 소비 습관을 유지하고, 높은 경제적 소양을 쌓는 등의 노력을 하는 것이죠. 따라서 파이어족은 경제적 자유를 얻기 위한 삶을 살기 위해 완전히 은퇴하는 것이 아닙니다. 보다 가치 있는 일인 가족 간의 유대감을 키우거나, 오롯이 나만의 삶에 집중해 좋아하는 일을 하고, 사회 공헌적인 프로젝트에 참여하는 것입니다.[16] 그래서 행복하고 충만하게 살 수 있는 기회를 간과하고 더 많은 소비를 위해 필요하지도 않은 돈을 벌게 되는 악순환에 빠지지 않으려 합니다.

결국 파이어족은 가장 소중한 자산인 '시간'을 되찾기 위해 절약하고 적은 비용으로 스스로를 통제하는 새로운 라이프스타일을 추구합니다. 자신이 지향하는 삶을 명확하게 설정하고, 단지 꿈으로만 남기지 않고 실현하는 철학과 가치관을 가지고 사는 것이지요.

안타깝게도 우리 사회에서는 물질주의와 탈물질주의 사이에서 균형 잡힌 삶을 추구하는 파이어족의 진정한 라이프스타일은 축소되고 물질주의적 측면인 '빠른 은퇴, 경제적 자유'에만 집중되어 있습니다. 아마도 이 가치관이 자본주의 시대에 부합하는 측면이 있기 때문일 것입니다. 하지만 파이어족의 부상에서 우리가 더 주목해서 보아야 할 것은 경제적 자유 그 자체가 아니라, 수단을 통해 보다 가치 있는 일을 하기 위한 삶의 태도입니다.

돈은 '필요조건'이지 '필요충분조건'이 아니다

현대판 신데렐라 이야기는 시대가 바뀌어도 늘 사랑받고 또 앞으로도 사랑받을 것입니다. 스토리는 주로 평범한 삶을 살지만 존재 지향적 가치관을 뚜렷하게 가지고 있는 여성 캐릭터가 소유 지향적 가치관 속에 살고 있는 재벌가 상속자 혹은 큰 성공을 이룬 영앤 리치와 우여곡절 끝에 사랑에 빠집니다. 이러한 이야기가 오랜 시간 시청자들에게 사랑받는 이유는 단순합니다. 돈에 대한 현대인의 두 가지 심리를 반영했기 때문이죠.

'돈에서 자유롭고 싶은 마음'과 '돈으로 인해 보다 중요한 인생의 가치를 상실하는 것을 경계하는 마음'입니다. 그래서 드라마에서는 이 두 가지 가치에 속하는 주인공들의 만남과 사랑을 다룹니다. 소유 지향적 세계와 존재 지향적 세계관의 충돌과 결합은 현대판 신데렐라 스토리의 완성입니다.

이처럼 우리는 돈에 대해서 중요성은 느끼지만, 무언가 돈만 밝히는 인생은 부족하진 않을까 하는 양가적인 생각을 가지고 있습니다. 그리고 실제로 '돈'에 관한 많은 연구에 의하면 우리의 인생에서 돈은 중요하지만, 돈만으로는 충분하지 않다는 것을 알 수 있습니다.

현대사회에서 돈은 매우 중요합니다. 경제학자 찰스 윌런은 돈이 가진 위력이 공기보다 크게 느껴질 수 있다고 말합니다. 그에 따르면 현대사회에서 돈은 반드시 필요하고 돈이 없는 가난한 상태가 되면 삶에 지장과 고통을 겪을 수 있습니다.[17] 그리고 자본주의의 발달로 인해 돈으로 할 수 있는 일들이 많아진 시대에서 돈이 중요한 도구인 것은 사실입니다. 그래서 돈에 대해 이해하고 이를 쌓아가는 노력은 반드시 필요합니다. 하지만 이처럼 소유 지향적 가치관이 지나치게 과잉될 때 문제가 발생합니다.

현대인들이 가진 소유의 욕망을 비판하는 에리히 프롬도 생존을 위한 소유는 필요하다고 보았습니다. 다만 그가 비판하는 지점은 그 이상의 소유를 통해 행복을 추구하는 삶의 방식입니다. 그는 소유를 만족의 포화점을 지닌 생리적 욕구와는 다른 것으로 구분합니다. 생리적 욕구는 그것이 충족되면 더 이상 요구하지 않습니다. 문제는 '성격학적 소유욕'입니다. 이것은 아무리 많은 것을 소유해도

채워지지 않는 내적인 공허함과 권태, 그리고 외로움과 우울 등에 기반을 둔 것입니다.[18]

그래서 우리에게 필요한 것은 돈이 가진 중요성을 인지하되 돈으로 살 수 있는 것과 살 수 없는 것을 구별할 수 있는 지혜입니다. 인간은 기본적으로 소유에 의해 안정감을 확보하기 위해 진화했습니다. 하지만 여기에서 말하는 소유는 가장 기본적인 것입니다. 그 소유가 지나치면 돈으로 살 수 없는 것들도 돈으로 살 수 있다는 오해를 하게 되죠. 돈의 가치가 아무리 커졌다 하더라도 돈은 삶의 목적을 위한 수단이고 물질에 지나지 않습니다. 그러나 돈 자체가 목적이 되면 돈은 개인의 가치를 나타내고 인격에 영향을 미칩니다. 그래서 사람들은 '가난한 사람들의 삶'을 하찮게 여기고, '부'를 얻을 때 상대적 우월감을 느낍니다.

진정한 행복, 충만함, 사랑, 성취감 등의 가치는 돈으로 절대 살 수 없습니다. 이 가치는 다른 노력을 통해 얻을 수 있습니다. 돈이 많으면 편리함을 얻겠지만 인생을 성공적으로 살았다고 마냥 자랑할 일은 아닙니다. 여전히 부족한 게 많기 때문입니다.

이미 많은 연구에서 돈이 많아질수록 우리의 행복도가 비례해서 커지지 않는다는 것을 밝히고 있습니다. 그들에 따르면 일정 수준의 부를 이루면 더 이상 돈으로 얻을 수 있는 행복이 크지 않다고 합니다. 돈을 잘못 이해하고 소유물에 지배당하기 시작하면 우리의 마음은 병들고 자유는 사라져 버립니다. 그래서 우리는 돈을 이렇게 이해해야 합니다.

"돈은 중요하지만 돈만으로는 충분하지 않다."

돈은 행복한 인생을 위해 반드시 필요한 필요조건이지만 그것만으로 충분한 필요충분조건은 아닙니다. 그래서 우리는 돈에 대해 많이 생각하고 공부해야 합니다. 돈의 중요성과 돈으로 살 수 있는 것의 가치를 이해하고, 돈이 가진 한계와 위험성, 그리고 돈으로 살 수 없는 가치를 이해하는 것은 이제 매우 중요한 현대인의 교양이 되었습니다. 즉, '돈'이라는 축을 통해서 자기 자신을 중립적으로 볼 수 있어야 자신을 진정으로 이해하고 행복하게 살 수 있습니다.[19]

부를 얻을수록 더 불안해지는 슈퍼리치

'슈퍼리치'는 말 그대로 '거대한 부를 가진 자'를 말합니다. 현재 통상적으로 사용되는 의미는 '더 많이, 더 빠르게 부를 쌓는 자'입니다.

슈퍼리치의 삶의 방식은 언급한 대로 돈을 더 빨리 최대한 많이 버는 것입니다. 슈퍼리치가 많은 이의 인생의 목표가 되는 것도 우리 사회가 여전히 돈의 가치를 지나치게 확대해서 보고 있기 때문이죠. 하지만 '돈은 돋보기와 같다'는 말처럼 돈은 아마도 우리 내면의 어떤 결핍을 확대하게 합니다.[20]

'소비'가 곧 개인의 삶의 의미와 목표가 된 현대사회에서는 내가 소유하고 있는 것에 의해 나의 정체성이 결정되기 때문에 슈퍼리치의 소유욕은 더욱 강화되고, 그럴수록 결핍은 확대됩니다. 이들의 세계에서는 고유한 개개인의 개성은 사라지고 소비하는 존재로서의 '나'만 남게 됩니다. 그렇게 우리는 무언가를 소비하면 그 대상의 주인이 된다고 생각하지만, 사실은 그것들에 예속되어 버리는 것입니다. 소유한 물건의 노예가 되는 것이죠. 그리고 대상과의 관계도 왜곡됩니다. 자신이 속한 세계의 모든 것을 '내게 도움이 되는 것'과 '도움이 되지 않는 것'으로 구분해서 보게 되는 겁니다. 이는 물건뿐만 아니라 관계에도 적용되기 시작합니다. 사람과 교류할 때 그 사람이 나에게 얼마나 도움이 되는지, 배우자를 볼 때도 얼마나 교환가치가 성립하는지 등을 보는 겁니다.

이런 방식으로 살아가면 진정으로 문제를 해결하기 위해 노력하기보다 돈으로 문제를 덮어버리려 하게 됩니다. 그래서 우리는 어쩌면 '부자가 되면 행복해진다'는 거대한 허상을 향해 달려가며 삶의 다른 문제들을 외면하고 있는 것일지도 모릅니다. '어떻게든 돈이 많아지면 문제가 해결되겠지'라는 태도는 돈의 가치를 지나치게 확대해서 맹신하는 경우입니다.

슈퍼리치는 세상의 존재하는 많은 것을 소유의 대상으로 봅니다. 물질적인 것을 소유하는 것에 그치는 것이 아니라 자연과 사람, 심지어 가족과 자기 자신조차 소유적으로 대합니다. 그로 인해 이들은 역설적으로 소유물에 의존적인 상태가 됩니다. 이들은 내면의 불안과 외로움 등의 감정이 소유 지향적인 삶에 의해 생긴다는 사실을 모른 채 더 많이 소유하고 소비하면, 내면의 불안감이 해소될 것이라고 믿습니다. 하지만 더 큰 부를 차지할수록 가지고 있는 것을 잃어버릴지도 모른다는 불안감은 다시 생깁니다. 언제 어디서 자신의 재산을 강탈할 누군가가 나타날지 모른다는 두려움에 불신의 벽을 세우게 됩니다. 큰 부를 이룬 사람들이 자녀에게 가장 중요하게 가르치는 교훈이 '사람을 믿지 말라는 것'입니다.

슈퍼리치의 삶이 가진 가장 큰 문제는 나와 대상의 관계를 모두 '도구'화해 버리기 때문에 '돈'이 모든 가치를 결정짓는다고 보는 겁니다. 이들은 돈이 많을수록 더 많은 것을 소유할 수 있고 그러면 행복해질 것이라고 믿습니다. 하지만 인간은 그렇게 단순한 존재가 아닙니다.

또한 돈을 버는 것이 삶의 최우선의 과제가 되면 돈을 위해 수단과 방법을 가리지 않으려는 생각이 뿌리 깊게 자리 잡을 수 있습니다.

돈의 가치가 커지고 중요성이 강조되는 시대인 것은 맞지만 우리는 이렇게 한 방향으로 경도된 분위기를 성찰해 볼 필요가 있습니다. 우리는 이제 물질주의적 가치관에서 형성된 슈퍼리치에 대해 다시 한번 점검해 봐야 합니다. 풍요로운 인생을 산다는 건 단순히 돈이 많은 슈퍼리치가 되는 것으로는 부족하기 때문입니다.

생각을 키우는 씨앗 질문

내가 어느 순간 슈퍼리치가 되었다고 생각해 보세요.
인생에 잃지 말아야 할 다섯 가지 우선순위를 둔다면
무엇을 꼽을 수 있을까요?

돈을 좇으면
행복이 따라올까?

"내 영혼이 갈망하는 행복은 스쳐 지나가는 덧없는 순간들이 아니라,
유일하고 지속되는 상태에 의해 만들어지는 것이다."

~ 『에밀』의 저자, 장 자크 루소 ~

'구두쇠 혹은 인색한 부자의 모습' 하면 가장 먼저 떠오르는 인물은 누구인가요? 저는 가장 먼저 찰스 디킨스의 『크리스마스 캐롤』에 등장하는 스크루지 영감이 떠올랐습니다. 돈은 많지만 인색해 주변에 사람이 하나도 없는 그의 모습은 어린 시절 부자에 대해 조금은 부정적인 이미지를 심어준 것 같습니다. 그런데 성인이 되어 다시 접한 스크루지의 이야기는 조금 다르게 다가왔습니다. 스크루지는 우리 주변의 평범한 어른들을 위한 이야기였고, 그래서 애잔한 느낌마저 들었습니다.

스크루지 영감은 가난에 대한 두려움을 가진 인물입니다. 그리고 이를 극복하기 위해 소중한 것들을 포기하게 됩니다. 그리고 서

로 의지하고 사랑했던 약혼녀마저 인색하게 변한 그를 떠납니다. 스크루지 영감은 돈에만 인색한 것이 아닙니다. 그는 웃음과 칭찬에 인색하고, 풍경을 보고 경탄하는 것에도 인색합니다. 가난에 대한 불안함과 두려움은 그를 부자로 만들었지만 결국 삶의 목적이라고 할 수 있는 행복에서는 멀어졌습니다.

돈과 행복을 저울질하는 사람들

스크루지 영감의 이야기를 통해 우리는 돈과 행복을 어떻게 대해야 하는지 알 수 있습니다. 돈에 집착하는 물질주의적 인간이 되면 감정을 잃어버릴 수 있습니다. 행복을 잊고, 기쁨을 모르고, 여유로움을 사치로 여깁니다. 그러다 보니 인색해집니다. 멋진 카페에서 커피 한잔 마시는 즐거움을 쓸데없는 허세로 생각하고, 이별을 겪은 친구를 위로해 주는 시간을 낭비로 여기죠. 그러다 보니 사람을 만나고 감정을 나누는 일을 기피하게 됩니다. 돈이 가진 무서운 속성을 제대로 이해하지 못하면 누구나 스크루지와 같은 사람이 될 수 있습니다.

돈에 대한 깊은 통찰을 보여주었던 철학자 게오르그 짐멜은 "돈의 속성은 사람이 수단으로 다루는 것을 넘어 절대적인 가치로 여기게 만드는 무서운 힘이 있어 항상 주의해야 한다"라고 말했습니다.

스크루지는 처음부터 이렇게 인색한 사람이었을까요? 아닙니다. 그도 우리처럼 그저 일상을 열심히 사는 평범한 사람이었습니다. 가난이 싫어 돈을 벌고 아끼면서 돈에 집중하며 살았던 것뿐입니다. 하지만 정도가 지나쳐 돈에 지배당하는 삶에 완전히 고립되어 버린 것이죠.

부자들은 좀 인색해지더라도 스크루지처럼 돈에 파묻혀 사는 삶을 살아갑니다. 행복한 것은 잠시 미루고 돈 버는 것에 집중하죠. 하지만 행복 연구가들에 의하면 이런 사고방식은 행복을 단순히 돈이 주는 부산물로 정의하는 데서 기인한 것입니다. 그래야 장기적인 미래의 성공을 누릴 수 있고 슈퍼리치처럼 살 수 있으니까요.

우리는 태어나면서부터 물질주의적, 성과 지향적 가치관이 팽배한 사회 속에서 성장했습니다. 그래서 좋은 대학에 입학하고, 그럴듯한 직장에 입사해 돈을 많이 벌어야 행복해진다고 믿고 살아왔죠. 그리고 지금 안주하면 더 나은 미래를 보장받지 못한다는 생각에 불안해하며 힘겹게 살아갑니다. 이 과정에서 우리는 자신을 성공과 돈을 벌기 위한 최적의 상태로 만들어 갑니다. 일정한 환경이 갖춰져야 행복해질 수 있다고 믿기 때문이죠. 그래서 우리는 부자가 되기 위해 일상의 많은 부분을 희생합니다. 부자가 되면 그동안 잊고 살았던 행복을 몇 배로 보상받을 수 있을 것이라고 믿고 살아갑니다.

이처럼 행복을 소유하는 것이라고 생각하면 부가 생겨야 행복해질 수 있다고 믿게 됩니다. 그러니 양손에 부와 행복을 모두 거머쥐어야 만족하는 것이죠.

그러나 행복은 절대 부의 결과물이 아닙니다. 우리가 행복에 대해 조금만 이해하면 더 나은 상황이 될 때까지, 더 출세할 때까지 행복을 기다리며 절대 미루지 않아야 한다는 것을 알 수 있습니다.

부자가 되기 위해서 많은 노력을 하고 시행착오를 겪으면서 나만의 노하우를 쌓아야 하는 것처럼 행복도 마찬가지입니다. 하지만 안타깝게도 우리는 행복에는 지나칠 정도로 무지합니다. 행복을 다루는 긍정심리학에서는 행복을 제대로 이해하고 훈련해야만 느낄 수 있는 것이라고 말합니다. 행복은 어떤 조건이 되면 자연스럽게 따라오는 것이 아닙니다. 인간은 그런 식으로 행복해지지 않습니다. 행복도 공부하고 훈련해야 비로소 진정으로 행복해질 수 있습니다.

'부'와 '행복'의 황금비율을 만드는 삶

사람들은 보통 '부'에 대해 말할 때 물질적인 차원에서의 현금, 부동산, 자동차 등을 떠올립니다. 하지만 우리가 현재 사용하고 있는 '부'의 영어 단어 'wealth'는 고대 영어 단어 'weal(행복)'과 'th(상태)'에서 유래했습니다. 즉 'wealth'는 '행복한 상태'라는 뜻입니다.

이 어원에서처럼 우리는 물질적인 재화뿐만 아니라 정신적인 차원에서 풍요로움을 느끼며 행복할 때 진정한 '부'를 얻을 수 있죠. 그래서 부의 대가들은 부의 속성을 설명할 때 '돈의 많음'이 아닌 '조화로움'을 이야기합니다. 그들에 따르면 진정한 부자는 '돈', '건강', '관계', '정신' 등의 다양한 인생의 가치들을 삶의 중요한 기둥으로 여기고 이를 조화롭게 유지하며 진정한 행복을 누리는 사람입니다. 이런 부자를 '품격 부자'라고 부르기도 합니다.[21] 이들은 열심히 부를 키워나가고, 이렇게 얻은 부를 '품격'으로 전환하기 위해 노력합니다. 따라서 우리는 '행복한 부자'를 단순히 돈이 많은 사람이 아닌, 균형 잡힌 삶의 풍요로움을 느끼고 있는 '행복한 상태의 품격 있는 사람'이라고 정의할 수 있습니다.

미국의 대부호로 알려진 록펠러는 엄청난 부를 이뤘지만, 재산을 잃을지도 모른다는 불안감에 고통받아 건강마저 악화되었지요. 돈이 셀 수 없이 많은 사람도 자산을 잃을까 걱정한다는 사실이 이해하기 힘들지만, 자산은 쌓일수록 더 많은 욕심을 갖게 만듭니다. 이에 록펠러는 생각을 바꿔 재단을 만들고 자산을 기부하기로 합니

다. 이렇게 사회 환원을 결정하고 나자, 자신의 재산이 엉뚱한 누군
가에게 뺏기는 것이 아닌 정말 필요한 사람에게 도움을 준다는 사
실에 행복을 느끼게 됩니다. 그리고 오래오래 건강하게 장수를 누
렸지요.

바로 여기에 답이 있습니다. 우리는 세계 최고, 대한민국 최고
부자가 되기 위해 돈을 버는 것이 아닙니다. 우리의 하루를, 그리고
일 년을, 마지막으로는 내 인생 전체를 풍요롭게 만들고 행복감을
줄 수 있는 도구로 '돈'이 필요한 것입니다. 그래서 돈이 생기면 행
복해지는 것이 아닌 행복하게 살아가면서 돈을 버는 새로운 사고방
식이 필요합니다.

잘 먹고, 잘 자는, 나 자신을 사랑하라

에이브러햄 매슬로우의 인간의 욕구는 5단계로 구성되어 있습
니다. 이 이론에 따르면 사람은 가장 기초적인 욕구인 생리적 욕구
가 가장 먼저 충족되길 바라며, 이 욕구가 채워지면 안전해지려는
욕구와 소속의 욕구, 존경의 욕구, 마지막으로 자아실현의 욕구를
채우려 합니다. 쉽게 말해 잘 먹고, 잘 입고, 잘 자는 일의 연속인 것
이죠. 이렇게 인류 대부분의 역사는 가장 기초적인 생존의 욕구를

충족하는 데 집중되어 왔습니다.

하지만 기술이 발달하고 생리적 욕구에서 조금은 자유로워진 현대인들은 그 이상의 욕구를 꿈꾸기 시작했습니다. 바로 '존재 지향적 행복을 추구하고자 하는 욕구'죠. 쉽게 말해서 어떤 특정한 무엇을 소유하지 않아도 즐겁고 행복하게 살고자 하는 욕구입니다. 이런 욕구를 가진 사람들이 많아지자 이제는 더 많이 소유하기 위해서 일하기보다는 자신의 재능을 꽃피울 수 있는 일을 하고, 타인과 깊게 교류하며 '존재하는 것'에 초점을 두는 삶의 방식이 점차 확산되기 시작했습니다.

부자가 되면 돈이 많아 생활이 편리하고 잠시나마 행복해질 겁니다. 하지만 이는 그저 삶의 한 측면만 해소됐을 뿐, 모든 문제가 해결된 것은 아닙니다. 대상을 소유하려는 마음은 우리를 그 대상에 종속되게 만듭니다. 그래서 우리에게는 더 빨리, 더 많은 돈을 벌기 원하는 슈퍼리치가 아닌 새로운 유형의 부자가 필요합니다.

현시대의 새로운 부자는 어떤 유형일까요? 아마도 이런 모습일 겁니다. 새로운 유형의 부자는 생존과 생활의 편리를 위해서 반드시 돈이 필요하다는 것을 잘 압니다. 하지만 단순히 과시적인 소비를 위해 돈을 버는 것을 지양합니다. 부를 이루기 위해 노력하지만 동시에 자신을 돌보고, 사회를 살펴보며, 기여하는 차원의 존재 지향적 행복을 추구합니다. 이들에게 돈은 인생의 행복을 위한 좋은 도구입니다.

해피리치에 진심인 세대들

김춘수 시인은 어떤 대상에 이름을 붙임으로써 인연을 맺었습니다. 그저 작은 몸짓에 지나지 않은 것에 이름을 붙여 꽃이 된 것처럼 우리도 새로운 부자에 이름을 붙여 친근함을 느낄 필요가 있겠죠. 그래서 저는 많은 고민 끝에 새로운 시대의 부자를 '행복한Happy 부자rich'의 의미를 가진 '해피리치Happy rich'라고 부르기로 했습니다.

행복한 부자인 해피리치는 슈퍼리치와 대비될 때 그 의미가 보다 명확하게 드러납니다. 앞서 설명한 것처럼 슈퍼리치는 더 많이 소유하고, 소비하는 것에서 삶의 행복을 찾는, 바로 소유를 통해 행복을 추구하는 라이프스타일이죠. 반면 해피리치는 슈퍼리치의 라이프스타일과 구분됩니다. 해피리치도 슈퍼리치처럼 자본주의의 속성을 제대로 이해하는 사람들입니다. 오히려 더 깊이 있게 인문학적 차원에서 이해하는 사람들이죠.

아리스토텔레스는 행복을 위해서는 '필요한 것'과 '원하는 것'을 구분할 수 있는 지혜가 필요하다고 말했습니다. 필요한 것은 우리의 생존과 행복을 위해 반드시 충족되어야 하는 것들입니다. 반면 원하는 것은 남들보다 우월감을 느끼기 위해 바라는 것입니다. 해피리치는 이 둘을 구분하고 필요한 것인 생존과 행복을 위해 돈을 벌고 사용합니다. 따라서 해피리치는 풍요로움을 추구하지만, 돈에 지배당하는 물질주의적 가치관에는 비판적입니다.

하지만 해피리치로 사는 것은 그리 호락호락하지 않습니다. 돈이 많다 보면 자신의 내면을 읽을 기회를 놓치거든요. 그래서 이들의 가장 큰 고민은 경제적인 성공과 내적인 성장의 균형입니다. 돈과 성공 때문에 영혼을 잃지 않으면서 어떻게 행복할 수 있을 것인지, 어떻게 물질적인 것에 종속되지 않으면서 풍요로움을 추구할 것인지를 고민합니다. 그 고민 끝에 내린 결론은 이렇습니다.

경제적으로 풍요롭게 살되 딱 거기까지, 남들에게 보여주기 위한 과도한 소비는 하지 않습니다. 자신의 행복이 우선인 이들에게 남들의 시선과 부러움은 관심 밖입니다. 그러니 만족할 만한 소비에서 그칠 수 있죠. 이들은 자본주의 시스템이 가진 한계를 인정하지만 동시에 속성을 잘 이용하면 삶을 풍요롭게 만들 수 있다는 것도 잘 압니다. 그래서 '돈'의 중요성을 알고 현명한 방법으로 풍요로운 삶을 살아갑니다.

옥스퍼드대 심리학 교수 제롬 브루너는 "우리는 풍요로운 환경에 대해서가 아니라 풍요로운 사람에 대해서 논의해야 한다"라고 말했습니다. 그는 우리 사회가 사람들이 소유물을 많이 갖는 것이 아니라 하고자 하는 마음을 더 많이 갖게 도와주는 것이 필요하다고 말합니다. 그리고 사회의 목표는 풍부한 환경을 수동적으로 소비하는 사람보다 자신의 것을 능동적으로 생산하는 사람을 만들어내는 것이 되어야 한다고 말합니다.[22]

해피리치는 제롬 브루너 교수의 말처럼 인생의 진정한 풍요로움을 능동적으로 생산하는 사람입니다. 해피리치는 누구나 될 수 있습니다. 슈퍼리치처럼 큰돈을 버는 상대적 부자를 지향하는 것이 아니기 때문이죠. 아래 몇 가지 특징만 기억하고 있으면 됩니다.

1. 돈을 빠르게, 많이 벌기보다 단단하게 순리대로 벌면 된다고 생각한다.
2. 과시적인 소비에 돈을 쓰는 것을 경계하고 경험, 성장, 기부에는 돈을 아끼지 않는다.
3. 높은 경제적 문해력(Financial Literacy)으로 돈에 얽매이지 않고 경제적 자유를 누린다.
4. 좋아하는 일에 열광하고 결과보다 과정을 중요시한다.

5. 삶의 철학을 공유할 수 있는 소수의 네트워크를 구축해 내면의 힘을 길러낸다.

6. 주변과 공동체에 기여할 수 있는 방법을 항상 고민하고, 이를 삶의 행복의 중요한 축이라고 생각한다.

이처럼 해피리치는 자본주의 시스템이 가진 한계를 인정하지만, 이것을 비판하고 회피하기보다는 시스템의 속성을 잘 이해해 부를 얻습니다. 동시에 돈에 지배당하지 않고 진정한 행복의 도구로 제대로 이용할 줄 압니다.

지금부터는 풍요로움이 가득한 해피리치의 인생을 좀 더 세부적으로 살펴보겠습니다.

생각을 키우는 씨앗 질문

나는 '이런 해피리치가 되고 싶다'는 생각을 해 본 적이 있나요? 작은 변화라도 지금부터 내 삶에서 실천할 수 있는 게 있다면 무엇일까요?

2장

행복한 부자를 위한
해피 마인드 1

진짜 행복과 가짜 행복을 구분하라

행복을 돈으로 사는
영 앤 리치들의 삶

"우리는 과거보다 더 많은 물건과 부를 소유하게 되었다.
그러나 우리는 과거 어느 때보다 더 우울하고, 더 폭력적이며,
더 자살 지향적이고, 더 스트레스를 받고 있다."

~ 영국의 심리학자, 로버트 홀든 ~

젊은 나이에 큰 부를 얻은 사람을 '영 앤 리치'라고 부릅니다. 이들은 매우 소수이지만 동시에 많은 이들의 선망의 대상이 됩니다. 주로 엔터테이너, 스포츠 스타, 벤처기업 창업자, 상속자들이 여기에 속합니다.

"겉보기에는 화려하지만 혼자 있을 땐 공허함이나 외로움을 느낀다.
늘 무언가 결핍돼 있다고 생각했는데 그런 것을 표현해 봤다."

영 앤 리치의 대표적인 인물로 손꼽히는 K-POP의 아이콘 지드래곤은 자신의 이름으로 전시회를 열면서 위와 같은 말을 남겼습니

다. 이 인터뷰를 보면 젊은 나이에 큰 부를 이룬 지드래곤도 나름의 고충이 있어 보입니다.

심리학 연구에 의하면 영 앤 리치의 삶은 행복의 측면에서 보면 오히려 반대편에 있습니다. 인생 전반부에 너무 빨리 삶의 목표를 실현해 버렸기 때문이죠.

인간이 행복을 가장 크게 느끼는 순간은 첫 경험일 때입니다. 아무리 좋은 경험을 하더라도 동일한 경험을 반복하면 그 만족감은 급격히 떨어집니다. 그래서 명품 가방이나 비싼 운동화를 처음 샀을 때는 행복하지만, 그 행복은 잠시뿐, 결국 끝도 없이 돈을 써가며 벽장 하나를 가득 채울 명품을 진열해 놓는 겁니다. 집이 좁아터질 정도의 명품을 사들여도 결국 그 공허함은 채워지지 않습니다. 그래서 영 앤 리치의 삶은 화려해 보이지만, 기쁨은 그리 오래 지속되지 않고 상상했던 것만큼 행복하지 않습니다.

반면 실패의 경우에는 훨씬 더 부정적으로 느끼곤 합니다.[23] 그래서 영 앤 리치가 된 사람 중에는 일반 사람들이 보기엔 별일 아닌 실패에도 엄청난 좌절을 느끼며 급속도로 나락의 길을 걷는 경우도 많습니다. 지금 이룬 성공을 잃을까 봐, 두 눈으로 쳐다볼 수도 없을 정도로 빛나던 인기가 순식간에 어둠에 묻힐까 봐 불면에 시달리고 급기야 마약이나 도박에 중독되기도 하죠. 이런 일은 뉴스에서 심심치 않게 볼 수 있습니다.

'Flex'는 낮은 자존감을 먹고 산다

〈쇼미더머니〉라는 힙합 오디션 프로그램에서 저는 아주 인상적인 장면을 보았습니다. 한 심사위원이 참가자에게 "왜 경연에 나오게 되었나요?"라고 동기를 묻자 경연자가 이렇게 대답합니다.

"돈 벌러 나왔어요."

예전 같으면 이런 대답에 '천박하다'는 평을 했습니다. 하지만 심사위원들은 이 대답에 솔직하다고, 심지어 그 대답이 '멋지다'고까지 말합니다. 이처럼 MZ 세대들은 엄청난 노력을 들인 뒤 '돈'이라는 보상을 당당히 요구하는 가치관을 가지고 있습니다. 이들은 확실히 돈과 소비에 대해 새로운 감각을 가진 세대입니다.

'플렉스'라는 힙합 문화는 그 세대의 가치관을 이해하는 데 중요한 단서를 제공합니다.

플렉스flex는 '구부리다'라는 뜻의 영어 단어지만 현재는 '돈 자랑을 하다'라는 뜻으로 래퍼들 사이에서 사용되고 있죠. 원래는 운동을 할 때 '근육을 과시하다'는 의미로 사용되었습니다. 이 단어가 변질된 것은 90년대 미국 빈민층 출신의 성공한 래퍼들이 자신의 힘으로 자수성가한 대가에 대한 표현으로 부를 과시하는 맥락에서 사

용하면서부터입니다.[24]

　무엇보다 플랙스에서 주목해야 할 것은 '부'를 자신의 힘으로 이뤄냈다는 것입니다. 그리고 힙합이라는 음악 장르는 이런 것들을 여과 없이 드러냅니다. 힙합은 억압을 분출하고, 욕망하거나 혐오하는 것을 그대로 들어내는 방식을 가지고 있습니다. 그래서 힙합은 '돈'이라는 욕망의 대상에 대한 여러 시각의 가사를 통해 그 대상을 이해하고 아티스트들의 돈에 대한 생각과 윤리관을 형성한다고 볼 수 있습니다. 그래서 힙합은 새로운 표현방식을 지닌 '새로운 방식의 문학The new popular poetry'[25]이라고도 불립니다.

　이 문화를 좋아하는 세대들은 부의 과시를 존중하고 그럴 자격이 있다고 인정하고 수용합니다. 그래서 노래 가사에 직접적으로 돈을 얼마나 벌었는지 자랑하고, 유명 자동차나 고가의 브랜드를 소셜 미디어에 드러내며 자신의 부를 가감 없이 드러냅니다.

　특히나 이런 플랙스는 SNS에서 극강의 힘을 드러냅니다. SNS 속 사람들은 다수의 일부가 되어야 하고 주목받아야 한다는 압박감을 갖고 있죠. 특히 10~20대 청소년 혹은 청년층에서는 이런 경향이 더욱 강합니다. 스마트폰 속 SNS에서 타인의 하루는 늘 자신과 비교되고 '이거 하나 정도는 갖고 있어야 인싸 아니야?'라는 경쟁심을 불러일으킵니다.

바로 이런 '누구나 다, 나도 하나쯤, 인싸라면 당연히'라는 자극적인 단어들로 인해 소외감을 벗어나기 위한 소비가 시작됩니다. 특히 한 연구에 따르면 자존감이 낮은 10대들이 고가 브랜드를 소유함으로써 행복을 살 수 있다고 믿는 경향이 더 크다고 합니다.[26]

인생에서 가장 낮은 자존감을 느끼는 시기가 바로 청소년기입니다. 이들의 내면에서 가장 많이 차지하는 감정이 바로 '소외감'이죠. 그들의 소외감을 채워주는 것은 또래 집단이 가진 물건과 같은 물건을 소유함으로써 갖게 되는 소속감입니다. 그리고 이런 성향은 성인이 되어서도 여전히 유지되어 과소비로 연결됩니다.[27] 그래서 플렉스와 같은 문화는 이런 또래 집단에서 소외되지 않고 소속감과 우월감을 느끼려는 심리에 바탕을 둡니다.

그리고 기업의 마케터는 이 절호의 기회를 절대 놓치지 않죠. 어려움을 딛고 당당한 성공을 드러내는 플렉스는 원래의 의미를 잃고 자본주의의 마케팅의 수단으로 이용되어 10~20대들의 낮은 자존감 혹은 소외감을 집중적으로 공략합니다.

이미 우리는 엄마의 뱃속에서 소비를 하고 있다

우리는 태어남과 동시에 '소비'에 노출됩니다. 아니 이미 뱃속에서부터 소비가 시작된다고 봐도 과언이 아니죠. 특히 SNS와 같은 새로운 미디어의 출현으로 소비를 자극하는 정보들은 더욱 깊숙이 일상에 침투하기 시작했습니다. 우리는 소비하기 위해 태어났다는 말을 들을 정도로 일상의 많은 영역이 소비와 연관되어 있습니다.

어린 시절부터 시작된 광고나 소비의 노출로 아이들은 무의식 속에 특정 제품에 대해 호감을 갖게 되고 어느 순간 제품의 용도를 넘어 브랜드로 인식하기 시작합니다. 브랜드는 한 개인의 무의식에 강하게 자리 잡고 미래의 잠재적인 고객이 되고 정서적 충성심을 갖게 만들죠.

브랜드 전문가들에 의하면 아이들은 한 살 반이 되면 최소 백 개의 브랜드를 기억한다고 합니다. 그렇게 자란 아이들은 브랜드를 하나의 가치를 설정하는 정체성으로 여기기 시작하죠. 그리고 사물을 제대로 인식하기 시작하는 아이들은 광고를 보기 전에는 필요하다는 생각조차 하지 않았던 물건들을 사달라며 떼를 쓰고 엄청난 소유 욕구를 드러냅니다.[28]

어렸을 때의 소비 습관은 평생 동안 유지되고 잘 변하지 않습니다. 그리고 이러한 습관은 다음 세대에게까지 이어지기도 합니다. 어린 시절부터 이런 소비 습관에 익숙해진 현대인들은 성장하면서 자본주의의 논리와 메시지를 그대로 내면화합니다. 그리고 자본주의의 가장 중요한 활동인 소비를 통해 자신의 삶의 의미와 정체성 등을 구축해 나가죠. 이렇게 어린 시절의 소비 습관은 무의식 속에 내면화되어 성인이 되어도 유지됩니다.

타인의 삶을 좇는 현대판 노예

한때 "어머, 저건 사야 해!"라는 대사가 유행한 적이 있습니다. 이 대사는 충동적으로 소비하는 사람들을 재미있게 비꼴 때 사용되었죠. '탕진잼'이라는 단어도 인기가 있었습니다. 소소한 물건들을 사기 위해 용돈을 모두 써버릴 때 하는 말입니다. 또 '예쁜 쓰레기'라는 말도 있습니다. 실제적으로는 필요 없는데 그저 '예뻐서' 산 무용한 물건들입니다.

그런데 우리는 왜 이런 충동적인 소비를 하는 것일까요? 이런 행동의 근원적인 이유를 철학자 지그문트 바우만은 '불안'에서 찾습니다. 바우만은 현대사회가 겉으로는 평등해 보이지만, 지속적인 불안감이 지배하는 '유동 사회'라고 말합니다.

그에 따르면 과거에 비해 우리는 자유로운 것 같아 보이지만 모든 것이 개인의 노력과 성취의 여부에 따라 결정되는 사회 분위기 속에서 살아갑니다. 그래서 현대인은 항상 '뒤처질 것 같은, 낙오될 것 같은' 불안감을 느낍니다. 그리고 그 불안을 '소비'를 통해 해소할 수 있다고 믿는 것이죠. 이 사고방식은 다양한 이해관계에 의해 다소 조장된 하나의 신화가 되었습니다. 그래서 현대인들은 삶의 가치와 의미를 드러내는 방식으로 '소비'를 신성시합니다.

　이제 현대인들에게 '소비'는 의식주의 생존 문제를 넘어 정체성과 삶의 의미까지 좌우합니다. 과거에는 국가나 지역사회 혹은 종교에서 제공해 주던 삶의 소명이나 목적 등이 온전히 개인의 책임이 되어 버렸기 때문입니다. 그래서 현대인은 불안해하고, 그 불안함과 공허함의 빈자리를 '소비'라는 괴물이 채웁니다. 그리고 그 사이를 비집고 들어온 기업들은 '트렌드', '라이프스타일'과 같은 새로운 시대의, 새로운 삶의 의미를 규정하고, 제품과 서비스에 이야기를 담아 판매합니다. 웰빙, 욜로, 파이어족, 휘게, 워라밸, 혼라이프 등등, 수많은 신조어를 생산해 내며 새로운 라이프스타일을 추구하게 만드는 것이죠. 사람들은 시대에 맞는 라이프스타일을 뒤쫓기 위해 더 많이 소비하고 트렌드에 맞춰 사는 삶에서 의미를 찾습니다. 그렇게 더 많은 것을 소비하기 위해 사는 사람들은 바우만의 표현대로 '자기 주도적 pro-active'으로 노예화되는 겁니다. [29]

소비 후 용도를 생각하는 기괴한 소비

소비 심리학에서는 우리가 어떤 상품을 사고 싶다는 욕구가 생기면 그것을 구매하기 위해서 합리화한다고 합니다. '이 물건은 지금은 큰 활용도가 없지만 어쨌든 신상이니까 전보다 낫겠지?'라고 하거나 '지난번 물건과는 달라, 예전 것은 디자인도 후져서 기능도 떨어져 보이거든' 하며 찾기도 힘든 문제점을 찾는다거나 물건을 구매하고 나서 효용성을 찾는 겁니다.

현대 마케팅은 이런 소비자들의 무의식적인 행태를 겨냥해서 소비하게 만듭니다. 그래서 뛰어난 마케터들은 인간의 무의식을 자극하는 방식으로 소비자들을 자극하죠. 상품을 보여주는 것을 넘어 만져보고, 냄새를 맡는 식으로 오감을 자극하는 체험형 마케팅 등을 통해 사고 싶다는 충동을 불러일으킵니다. 특히 사람은 필수적인 소비가 아닌 비필수적인 소비를 할 때 감정적입니다. 소위 말하는 고가의 명품 브랜드는 합리적인 판단으로는 구매하기 어려운 성질을 가지고 있죠. 그래서 이 브랜드의 기업들은 지구상에 존재하는 모든 지식을 총동원해 사람들의 감정적인 소비를 끌어냅니다.

더욱 무서운 점은 과거에 비해 이 방식은 더욱 정교하고 고도화되어 있다는 겁니다. 이 교묘한 광고는 당장 물건을 사라고 재촉하지 않습니다. 그보다는 하나의 패턴과 문화를 만들어 자신의 브랜드를 알지 못하고, 소유하지 못하면 소외될 수 있다는 소위 '가스라이팅' 같은 세뇌를 시킵니다. 마치 최면에 걸린 듯한 소비자들은 그 브랜드를 단순한 하나의 상품이 아닌 라이프스타일이나 하나의 문화로 인식하기 시작합니다. 이제 이 브랜드는 하나의 상품이 아닌 우리의 정체성이나 행복과 같은 감정과 연결되어 강력한 힘을 발휘합니다. 바로 이런 마케팅을 '뉴로 마케팅'이라고 합니다.

브랜드 전문가인 마틴 린드스트롬은 이러한 마케팅이 우리의 뇌 속까지 들어와 소비를 유도한다고 합니다. 그에 따르면 우리의 대부분 의사결정은 뇌의 무의식을 관장하는 부분에서 일어나는데, 딱히 구체적인 이유 없이 특정 브랜드의 의류를 구입하고 사치품을 별 고민 없이 사는 것도 다 이런 이유입니다. 여기서 흥미로운 점은 소비자들도 자신들이 진심으로 원하는 것이 무엇인지 모른다는 것입니다. 소비자조차도 알지 못하는 욕구를 찾기 위해 뇌 과학을 마케팅에 활용하는 것이 '뉴로 마케팅'이죠.[30]

'돈'은 끊임없이 결핍의 마음을 만든다

그리스 로마 신화의 미다스 왕은 탐욕스러운 존재입니다. 이미 많은 재산을 가지고 있으면서도 더 많은 부를 원했죠. 그래서 풍요의 신인 디오니소스의 환심을 사 손에 닿는 것은 모두 황금으로 변하게 하는 능력을 얻게 됩니다. 하지만 기쁨은 오래가지 않았습니다. 빵과 포도주를 먹으려고 잡는 순간 황금이 되어버려 음식을 먹을 수도 없고, 사람들도 그의 곁에 다가가는 것을 두려워합니다. 무엇보다 사랑하는 딸을 안자, 딸마저 금으로 변해 버립니다.

'미다스 왕'의 이야기는 금과 같은 물질이 사람을 탐욕스럽게 만들어 더 많은 결핍을 만들어 내는 것을 시사합니다. '결핍'이라는 인간의 심리는 매우 중요한 역할을 합니다. 지속적인 소비를 유도하는 데 있어 결정적인 역할을 하기 때문이죠. 그러니 돈을 아무리 많이 벌고 아무리 많은 소비를 해도 욕구는 채워지지 않은 채 심리적 갈증만 늘어나게 되죠. 우리가 사고방식을 전환하여 정서적으로 풍요로움을 느끼고 만족하지 못하게 된다면 '가난한 부자의 상태'를 벗어나지 못합니다.

아마 가전제품을 구입한 이들은 이런 경험이 있을 겁니다. 신상품이라고 해서 구입했는데 얼마 지나지 않아 새로운 버전의 상품이 나왔다는 광고를 봅니다. 특별히 달라진 기능은 없습니다. 그런데 외관이 훨씬 세련되고 모던해 보입니다. 순간 몇 달 전에 산 신상품은 구식이 되어 버리니 멋지게 거실을 장식하던 제품이 왠지 보기 싫어집니다. 어쩐지 그 물건과 함께 우리 집도 유행에 뒤처지는 느낌이 들죠. 신상품이 단순한 디자인 변경으로 구식이 되어 버리는 행태, 경영학에서는 이를 '계획적 진부화planned obsolescence'라고 합니다. 기업이 새로운 소비를 창출할 목적으로 아무 문제 없는 제품을 금방 낡고, 고장 나고, 혹은 유행에 뒤처지게 만드는 전략을 말합니다.

프랑스 경제학자 세르주 라투슈는 소비사회는 '광고, 신용카드, 계획적 진부화'를 통해 작동된다고 말합니다. 특히 상품의 수명을 짧게 만들어 놓아 더 많이 소비하고 버리게 되는 '계획적 진부화'의 덫에 가둬두는 것이죠. 10년 이상 운행하던 자동차를 3년 주기로 바꾸는 것이 당연한 것처럼 여겨지고, 유행에 따라 지속적으로 등장하는 스마트폰은 아무런 문제가 없는데도 구석기 돌도끼마냥 낡아 보입니다.

이런 계획적 진부화가 위험한 이유는 소비자로 하여금 쓸데없는 소비를 일으켜 낭비를 일삼게 하는 것입니다. 오늘날 자본주의는 계획적·심리적·기술적 진부화를 미디어를 통해 교묘히 결합하여 우리의 사고방식과 일상을 지배합니다.[31]

'결핍'이라는 인간의 심리는 데이비드 호킨스 박사의 의식 지도에서 비교적 낮은 의식 수준에 해당하는 부정성의 영역입니다.[32]

호킨스의 의식 지도에 따르면 결핍의 마음은 우리에게 수치심, 절망, 슬픔, 두려움, 분노, 오만함 등의 감정을 불러온다고 합니다. 진화생물학적으로 살펴보면 인간은 원래 감사함을 갖기보다는 욕망이 충족되길 바라고, 가진 것에 만족하기보다는 더 많은 것을 갖기 위해 노력하도록 진화했다고 합니다. 그래서 일정한 부를 이루어도 결핍의 마음이 만들어 내는 부정적 감정이 불쑥불쑥 나타나곤 하죠.

이 결핍의 마음이 무서운 것은 돈 이상으로 중요한 가치인 가족, 건강, 성장, 친밀한 관계 등의 가치를 간과하게 만들기 때문입니다. 미다스 왕이 자신의 딸을 황금으로 만들어버린 것처럼 가장 중요한 가치를 잃을 수도 있습니다.

생각을 키우는 씨앗 질문

쇼핑할 때 우리는 시간 가는 줄 모르고 빠져듭니다. 그들은 인간의 어떤 심리를 자극한 것일까요?

지금까지의 행복이
모두 가짜였다면?

"돈을 버는 동기가 돈을 맘껏 쓰면서 근사하게 사는 것이라면
절대 성공하지 못합니다. 돈 때문에 가치관이 바뀌어서는 안 됩니다.
돈을 버는 것은 단지 성적표일 뿐입니다. 당신이 잘하고 있는지
알려주는 방편일 뿐이죠."

~『이웃집 백만장자』 중에서 ~

'헤비메탈' 하면 어떤 이미지가 떠오르나요? 바로 과격한 음악과 가사 그리고 무서운 분장과 기괴한 복장들일 것입니다. 이 헤비메탈 장르가 발달해서 '헤비메탈의 나라'라고 불리는 국가가 있습니다. 바로 북유럽의 평화로운 복지국가 '핀란드'입니다. 핀란드에서는 헤비메탈이 국가에서 홍보할 정도로 높은 인기를 누리고 있습니다. 아이러니한 일입니다. 왜 자연 친화적이고 평화로울 것 같은 나라에서 다소 과격한 음악 장르인 헤비메탈이 유행일까요?

알다시피 핀란드는 선진국입니다. 선진국에서는 경제·사회적 발달이 충분히 이루어져 국민들이 안전한 삶을 영위하고 있죠. 그런데 이렇게 안정적인 사회일수록 오히려 권태로움이 사람들을 괴

롭히곤 합니다. 너무 편안하고 안정적인 사회에서 살다 보니 특별한 일 없는 하루하루가 지루하게 느껴집니다. 이 '지루함'이라는 무서운 감정이 사람들을 고통스럽게 만드는 것이죠. 우리도 느껴본 적 있을 겁니다. 차라리 변화무쌍해서 다소 스릴 있는 하루가 낫지, 딱히 할 일도, 벌어지는 일도 없는 그저 그런 일상의 하루, 그런 날들이 거의 365일 일어난다고 생각해 보세요. 처음엔 행복하겠지만 서서히 끔찍하게 느껴질 겁니다. 그래서 역설적으로 평화로운 선진국에서는 호기심과 짜릿함에 대한 추구가 더욱 강렬합니다.

우스갯소리로 한국인들은 '행복한 지옥'에 살고, 선진국은 '지루한 천국'에서 산다고 합니다.[33] 한국 사회는 지옥처럼 치열하고 모순이 많은 사회이지만, 역동적이고 하루하루가 짜릿한 사회입니다. 하지만 선진국은 안정적이지만 큰 변화가 없는 지루한 사회입니다.

그런데 요즘 한국 사회가 다소 무서운 상태로 변하고 있다고 합니다. 우리 사회가 행복한 지옥에서 지루한 천국이 되든지, 혹은 지루한 지옥도 될 수 있다는 것이죠. 지루한 천국도 힘든데, 지루한 지옥이라니요. 상상하기도 싫습니다.

슈퍼리치를 지향하는 삶이 바로 이런 지루한 지옥에서 사는 것과 같을 수 있습니다. 그래서 핀란드와 같이 행복지수가 높다고 알려진 북유럽 국가들은 소수의 슈퍼리치보다 다수가 적당한 풍요로움을 느끼는 것을 선호합니다. 이미 우리 사회도 핀란드처럼 물질적인 차원에서는 선진국에 진입했습니다. 이런 시기에 우리도 이제는 돈과 행복에 대한 새로운 가치관이 절실히 필요하겠죠.

대한민국 사회를 다시 한번 분석해 봅시다. 풍요롭지만 정서적으로는 다소 빈곤한 '풍요-빈곤의 사회'라고 할 수 있습니다. 그래서 물질적으로는 풍요로워도 구성원들끼리 치열하게 경쟁하고 돈의 크기로 계층을 나누는 성향이 강합니다.[34] 이런 사회에서는 행복의 정의도 조금 다르죠. 이때 돈은 단순히 생존을 해결해 주는 도구가 아닙니다. 정신적으로 우월함을 주는 역할을 합니다. 그래서 돈의 유무를 행복의 중요한 기준으로 삼습니다. 그런데 이런 행복의 추구는 이미 많은 연구를 통해 문제가 있다는 것이 밝혀졌습니다. 앞으로 우리는 실제로 행복함을 더 많이 느끼는 북유럽처럼 지루한 천국에서 행복하게 살아가는 법을 배워야 합니다.

지루한 천국에서 추구하는 행복은 다소 평화롭고 조용합니다. 물질적 풍요로움을 누리지만 대단한 부를 원하지는 않습니다. 대신 나와 비슷한 경제 규모를 가진 이웃과 내 조그만 앞마당에서 화합하는 것을 더 큰 행복으로 느낍니다. 소유와 존재가 균형 잡힌 삶이 높게 평가되는 사회 분위기가 형성된 것이죠. 그리고 이 사회를 구성하는 건강한 인간상이 바로 이 책에서 이야기하고자 하는 진정한 '해피리치'입니다.

더 큰 결핍을 만드는 가짜 행복의 민낯

우리는 행복한 삶을 꿈꿉니다. 그런데 우리는 과연 '행복'에 대해 얼마나 제대로 알고 있을까요? 저도 행복에 관련된 많은 책과 연구 결과들을 접하기 전에는 행복에 대해 아는 게 없었습니다. 지금 생각해 보면 저를 포함한 많은 사람이 행복에 대해 무지하거나 행복을 오해하고 있는 경우가 많습니다.

지금부터는 '행복'이란 정확히 무엇인지 제대로 알아보도록 합니다. 그래야 진심으로 행복하다고 느낄 수 있으니까요.

우리가 통상적으로 말하는 행복은 어떤 것들이 있을까요? 우연히 들렀던 식당에서 찐 맛을 발견했을 때, 고되고 고된 일상을 보내고 마침 저렴한 항공권을 운 좋게 끊어 원하던 여행지의 공항에 도착했을 때, 꿈에서만 그리던 자동차를 구입해 첫 시동을 걸던 순간 등.

그런데 이 행복의 요소 중에는 진짜 행복과 가짜 행복이 혼재되어 있습니다. 우리는 어떤 게 진짜 행복인지, 가짜 행복인지 어떻게 구별할 수 있을까요?

현대의 '행복'이라는 개념을 비판하는 학자들은 우리가 부르는 '행복'이라는 것이 진정으로 사람을 행복하게 해주는 것이 아니라 행복을 심각하게 왜곡함으로써 사람들을 오히려 불행하게 만들고 있다고 주장합니다. 특히 행복은 마케팅 차원에서 가장 많이 왜곡된 단어입니다. 온·오프라인을 막론하고 우리가 수시로 접하는 매체에서는 '행복=소비'라고 반복해서 우리에게 주입합니다. 그래서 멋진 물건을 소비해야 비로소 행복해진다는 생각이 무의식 속에 단단히 뿌리내려져 있습니다.

이처럼 20세기 후반부터 불어닥친 행복 열풍은 자본주의가 유지되기 위해 고안된 발명품이라고 할 수 있습니다. 그래서 이를 '가짜 행복'이라고 부르기도 합니다. [35]

사회심리학자 김태형 박사는 현대사회를 '행복 경쟁 사회'라고 정의합니다. 이 사회는 모두가 행복해지는 것이 아니라 내가 남들보다 행복해지는 것이 목적이 된 사회입니다. [36] 이 사회에서는 절대적인 행복은 존재하지 않습니다. 다만 남들보다 더 행복하다는 것을 인식할 때 비로소 행복을 느낍니다. 이렇게 '행복 경쟁'이 일반화된 사회에서 사람들은 가짜 행복이라도 느껴야 한다는 강박에 시달립니다. '나는 무슨 일이 있어도 너보다 행복해야 하고, 옆집 친구보다 행복해야 하고, SNS 속 다른 인친보다 행복함을 내세워야 한다'는 강박에 시달리고 있죠. 그러니 행복 경쟁 사회에서 우리는 항상 뜨거운 열정으로 쉼 없이 달려야 합니다. 그 어떤 누구보다 빨리 '행복'을 쟁취해야 하기 때문이죠.

SNS와 같은 미디어의 등장은 이런 소비를 통한 행복 경쟁을 더욱 부추깁니다. SNS상에서 우리는 행복하지 않음에도 마치 행복한 것처럼, 몇몇 순간의 행복을 우리의 일상인 것처럼 연기합니다. 행복 경쟁 사회는 모두가 행복한 척하는 사회이기 때문에 역설적으로 보면 결국 아무도 행복하지 않습니다. 진정으로 행복한 사람은 굳이 자신의 행복을 내세워서 경쟁하거나 과시할 필요가 없죠. 이런 행복 경쟁 사회가 위험한 건 많은 사람을 더 큰 자극을 원하는 '행복 중독자'로 만들기 때문입니다. 그래서 큰돈을 벌었지만 이상하게 행복감은 느끼지 못하고 오히려 권태롭고 공허해집니다. 소비의 충족감은 점차 둔감해지고, 더 큰 자극이 아니고는 느끼기 힘든 무감각한 상태가 되는 것이죠. 그래서 가짜 행복은 우리에게 만족이 아니라 더 큰 결핍을 만듭니다.

에리히 프롬에 따르면 본래 인간은 소유 지향적인 행복이 주는 감각적 쾌락으로는 진짜 행복을 느낄 수 없다고 했습니다. 안타깝게도 지금 우리는 이 진정한 의미의 행복을 느끼는 능력을 잃어버렸습니다. 삶은 과거보다 물질적으로는 풍요로워졌지만, 정신적으로는 피폐해졌습니다. 그리고 여전히 진정한 행복은 요원하기만 합니다.

철학자의 '진짜 행복론'을 경청하라

고대 그리스 철학자 아리스토텔레스는 인류 역사상 최초로 행복에 대해 깊게 고민한 인물입니다. 수천 년 전에도 행복을 고민했다고 하니 정말 '행복'이 뭐길래 그토록 인간을 오랫동안 고뇌하게 하는지 슬슬 얄미워지기도 합니다.

그는 행복을 크게 두 가지로 정의합니다. 하나는 긍정적이고 순간적이며 자기중심적인 '헤도니아 Hedonia'이고 다른 하나는 선한 내면의 정신과 조화를 이루는 '에우다이모니아 Eudaimonia'입니다. 그리고 아리스토텔레스는 헤도니아를 추구하는 삶보다 에우다이모니아를 추구하는 삶이 고귀하다고 주장하며 이런 삶을 지지하죠.

독일의 경제학자 하노 벡은 아리스토텔레스의 두 가지 행복관을

토대로 현대사회의 행복에 대해 다음과 같이 설명합니다.[37]

우리는 행복이라고 할 때 순간적이고 자기중심적인 '헤도니아'를 떠올리는 경우가 많습니다. 특히 자본주의 사회의 광고에서는 헤도니아적 행복을 지속적으로 각인시킵니다. 그러나 쾌락의 행복인 헤도니아는 지속하기가 매우 어렵습니다. 마케팅적으로 이렇게 계속해서 주입하는 이유는 지속되기 어려운 행복이기 때문이기도 할 겁니다.

쾌락이 충족될 때 우리 뇌에서는 주로 '도파민'이라는 호르몬이 분비됩니다. 도파민은 늘 유사한 자극을 원하고 더 많이 자주 느끼길 원합니다. 우리가 보통 게임이나 술, 담배, 도박 등에 중독될 때 도파민 회로의 출발점이라고 불리는 복측피개영역Ventral Tagement Area이 활성화된다고 합니다. 의학용어라 이해하기 어렵지만 쉽게 말해 중독성이 있어 더 강한 자극을 주어야 한다는 말입니다.

반면 아리스토텔레스가 이야기한 또 다른 행복인 에우다이모니아는 다릅니다. 이는 강렬하진 않지만 오랫동안 은은한 빛을 냅니다. 이 행복의 성격은 조용하고, 평온하며, 지속적입니다. 이런 경우는 뇌에서 주로 '세로토닌'이 분비됩니다. '세로토닌'은 평화로운 명상이나 산책을 할 때 많이 분비됩니다.

그래서 아리스토텔레스는 에우다이모니아를 이성적이면서 동시에 감정적인 행복이라고 말하죠. 우리가 조용히 성찰하고 마음을 갈고 닦고 이타적인 생각을 할 때 세상이 질서 있게 작동함을 느낍니다. 이때 고요히 내면에 스며들듯 무심히 찾아와 마치 터줏대감처럼 양반다리를 하고 차분히 자리를 잡는 것이 바로 에우다이모니아입니다. 이 행복을 아리스토텔레스는 삶의 궁극적인 목적이라고 보았습니다.

자, 표로 정리해 볼까요? 이제 가짜 행복과 진짜 행복의 차이가 느껴지나요?

	가짜 행복	진짜 행복
정의	헤도니아 소유 지향적	에우다이모니아 존재 지향적
성격	쾌락적, 일시적	성장, 지속가능
뇌 호르몬	도파민	세로토닌

현재를 사는 나에게 '오늘'이 가장 중요하다

아리스토텔레스가 행복론을 분석했다면 에리히 프롬은 쾌락과 기쁨에 대해 설명합니다.[38] 여기에서 기쁨은 행복에 가까운 속성을 가진 감정입니다. 그에 따르면 현대인은 쾌락과 기쁨, 이 두 가지를 잘 구별하지 못한다고 합니다. 현대사회가 '기쁨 없는 쾌락'의 세계이기 때문이죠. 현대인들은 쾌락의 만족을 기쁨이나 행복이라고 착각합니다. 그래서 돈을 많이 벌고 소비하는 방식인 쾌락의 만족을 '행복'이라고 생각합니다.

하지만 이는 프롬에 의하면 능동성이 결여된 일시적 '흥분'일 뿐입니다. 쾌락이 진정한 행복이 아닌 이유는 성장이 없는 어떤 욕망의 만족만을 채우는 행위이기 때문이죠. 예를 들면 오랫동안 갈망했던 명품 운동화나 백을 샀을 때의 감정입니다. 하지만 이럴 경우 우리 내면의 또 다른 욕구인 내적 성장이 빠져 있기 때문에 쾌락이 충족되고 난 후에는 항상 공허한 슬픔 같은 것이 찾아옵니다. 그래서 기쁨이 없는 쾌락의 쳇바퀴에서 우리는 더 큰 자극을 추구하게 됩니다.

하지만 이와 반대로 존재 지향적 행복은 절정에 이르렀다가 사라지는 방식이 아니라 성장을 가져오는 것이며, 조용하고 내밀합니다. 에리히 프롬이 말하는 존재 지향적 행복은 '지금 이곳이 영원' 이라는 의식입니다. 존재 지향적 행복이라고 할 수 있는 사랑, 기쁨, 진리는 시간을 초월한 현재에 오롯이 집중하는 것이죠. 목표에 도달하겠다는 마음보다는 항상 성장하는 과정에서 행복을 길러냅니다.

아리스토텔레스의 행복의 두 가지 구분은 에리히 프롬의 소유와 존재의 개념으로도 이해할 수 있습니다. 가짜 행복은 헤도니아 즉, 소유 지향적 행복이라고 할 수 있고, 진짜 행복은 에우다니모니아 즉, 존재 지향적 행복이라고 할 수 있습니다. 우리는 가짜 행복인 헤도니아 혹은 소유 지향적 행복과 진짜 행복인 에우다이모니아, 존재 지향적 행복을 구분해야 합니다.

결국 해피리치의 목적은 존재 지향적 행복을 추구하고 그 과정에서 온전히 집중하고 충만함을 느끼는 삶입니다. 그래서 행복에 대한 오해를 바로잡아 가짜 행복이 아닌 장기적이고 바람직한 진짜 행복을 추구합니다. 이제 우리는 이런 진정한 행복에 대해 제대로 이해하고 이를 추구하는 삶을 살 필요가 있습니다.

SNS가 사라진 사회를 상상해 봅니다. 나의 행복을 보여줄, 타인의 행복을 들여다볼 공간이 사라집니다. 우리에게 일상은 어떤 의미가 될까요?

3장

행복한 부자를 위한
해피 마인드 2

행복의 공식을 암기하라

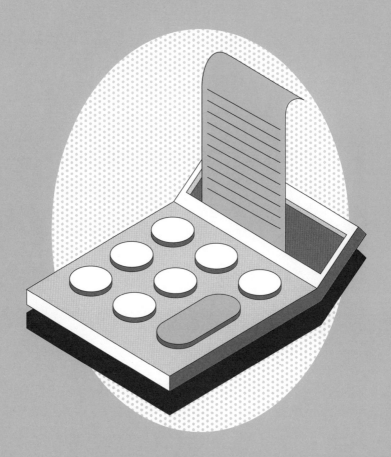

품격이 다른
진짜 부자들의 삶

"행복의 비결은 더 많은 것을 추구하는 것이 아니라
더 적은 것으로 행복해지는 능력을 키우는 것이다."

~ 철학자, 소크라테스 ~

여러분은 미국의 백만장자라고 하면 어떤 이미지가 떠오르나요? 수영장이 딸린 거대한 저택에 살며, 고급 자동차를 몰고, 화려한 파티를 자주 여는 모습이 떠오를 겁니다.

그런데 실제 미국의 백만장자들의 삶은 전혀 그렇지 않았습니다. 그들의 삶의 태도와 마인드를 오랜 시간 동안 추적하여 분석한 『이웃집 백만장자』라는 책에 소개된 내용을 보면 그들은 평범한 동네에서 검소하게 살고 있었습니다. 미국의 부자들은 '절약'을 자신이 부자가 된 1순위 습관으로 꼽았습니다. 그들은 한 번 산 자동차를 최소 10년 이상 타거나 중고차를 삽니다. 그리고 의도적으로 평범한 지역에서 소박하게 살아갑니다. 심지어 자녀들에게도 경제적 부를 알리지 않기도 합니다. 그들이 이렇게 소시민적 삶을 이어갈 수 있는 이유는 지속적인 소비의 유혹에 노출되지 않기 때문입니다. 『이웃집 백만장자』가 출간된 뒤 이런 경향이 바뀌었는지 살펴 보았지만 최근의 연구에서도 미국 부자들의 생활 습관은 큰 차이가 없었습니다. [39]

램지솔루션이 2022년 발표한 리포트에서도 유사한 백만장자의 특징을 알 수 있습니다. 백만장자들은 돈을 과시하기보다 돈이 주는 자유를 중요하게 여겼고, 평범한 자동차를 몰았고, 이혼율이 낮 았으며, 소박한 집에서 살고 있었습니다. 즉, 우리는 실제 부를 이룬 사람들이 국적과 문화를 뛰어넘어 '절약'을 매우 중요시하고 화목한 생활을 한다는 것을 알 수 있습니다. 이들은 절약을 통해 마음의 풍요를 느끼면서 자신만의 인생을 살았으며 그 덕분에 부자의 삶을 여러 세대를 거쳐 단단하게 유지하며 살아갑니다. 이 사실을 통해 우리는 진정한 풍요로움에 대해 고민해 볼 필요가 있습니다.

'절약'이라고 하면 이는 구시대적 어휘로 인색함을 먼저 떠올립니다. 특히나 'YOLO You Only Live Once'가 유행처럼 번지다시피한 시대에 미래를 위해 허리띠를 졸라매는 행위는 달갑게 여겨지지 않았습니다. 하지만 이는 절약이 가지고 있는 진정한 의미를 모르기 때문입니다. '절약'이라는 뜻의 영어 단어 'Thrift'의 어원은 실제로는 '번영하다'라는 뜻의 'Thrive'에서 나왔습니다. 본질적으로 '절약'이란 '자원을 효율적으로 사용해 번영시킨다'는 의미를 가지고 있었던 것이죠. 그래서 역사적으로 절약은 가장 생산적인 활동과 동일한 의미였습니다. 실제 부에 대해 이야기하는 작가와 철학자, 기업가, 사상가들은 돈을 많이 벌고 불리는 것보다 '절약'을 몇 배는 더 강조합니다. 이는 절약이라는 행위와 마음가짐 자체가 통제력을 가지고 있고, 동시에 성실함과 정서적 풍요로움을 주기 때문에 진정한 성공을 촉진한다고 보는 겁니다.[40]

이렇게 부자들이 다소 평범하게 살고 절약을 부의 가장 중요한 요인으로 꼽는 것을 알고 나면 다소 시시한 느낌이 듭니다. '절약해서 부자되자'라는 말처럼 무의미하게 들리는 말도 없으니까요. 그러면 오히려 이렇게 반문하게 됩니다.

"절약만 하면 누구나 부자가 된다고?"

그런데 이 단어가 절실한 이유는 '절약'이라는 너무나도 쉬워 보이는 이 습관이 우리가 살고 있는 사회에서는 매우 어려워졌기 때문입니다. 앞서 우리는 현대인들이 필요보다 많은 소비를 하는 이유가 바로 마음의 결핍에서 나온다는 것을 알았습니다. 우리가 이웃집 백만장자들처럼 살려고 노력해도 수많은 첨단 기술과 소비자의 심리 분석을 장착한 마케팅은 24시간 우리를 유혹합니다. 그래서 겨우 마음을 다잡아 검소하게 살아가려 해도 SNS를 켜면 팝콘처럼 튀어나오는 팔로워들의 신상 자랑이 우리를 가만히 내버려 두지 않습니다. 우리는 서로의 소유물을 통해 사회적 위치를 측정하고 이를 끊임없이 비교합니다. 단단한 부의 철학과 습관이 없다면 이런 분위기에 휩쓸릴 수 있습니다.

백만장자들은 철옹성처럼 단단한 경제 철학을 가지고 있어 쉽게 흔들리지 않습니다. 이들이 절약을 실천하며 풍요롭게 사는 이유는 타인과 자신의 삶을 비교하지 않기 때문입니다. 이들은 정신적으로 풍요롭기 때문에 정서적으로 안정되어 있습니다. 이들은 절약을 통해 여윳돈을 모았고, 이 덕에 당장 하기 싫은 일을 해야 하는 압박감을 느낄 때 그것을 굳이 하지 않아도 되는 선택권도 쥐고 있습니다. 이것이 바로 절약을 하는 이유입니다.

현대와 같은 소비사회에서 검소하게 사는 것은 어쩌면 엄청난 의지와 노력이 필요할 겁니다. 이제 그것은 돼지저금통에 동전을 하나하나 채우는 일상이 아닌, 아무나 할 수 없는 뛰어난 능력이 되었기 때문입니다. 우리는 평범하게 검소하게 사는 사람이 정말로 드문 시대를 살고 있습니다.

행복에도 공식이 있다

제가 부에 대한 연구를 하면서 가장 흥미로웠던 점은 바로 자신의 힘으로 부자가 되고 이를 유지하는 사람들은 오히려 돈을 많이 쓰지 않는다는 점이었습니다. 그들은 스스로 부자라고 생각하기 때문에 부자로 보이기 위한 소비를 할 필요가 없습니다. 마음에 결핍이 없으니 소비로 공허함을 채우려 하지도 않습니다. 오히려 자신의 부를 알리기를 꺼립니다.

에리히 프롬에 따르면 존재 양식으로 살아가는 사람들은 소유를 중요하게 생각하지 않습니다. 그들은 무엇을 즐기기 위해, 혹은 사용하기 위해 반드시 소유할 필요가 없다는 것을 알고 있기 때문입니다. 그들은 행복의 조건으로서 '소유할' 필요가 없는 것입니다. 그러니 우리가 돈이 많은 상태만으로 행복을 이룰 수 있다는 생각은 순진한 생각입니다.

행복에도 일종의 공식이 있다고 말한 사람이 있습니다. 노벨 경제학상을 받은 폴 새뮤얼슨 교수죠. 공식은 수학만으로도 지겨운데 행복을 얻고자 또 공식을 외워야 하냐는 원성이 들리는 것 같습니다. 하지만 오히려 모호한 행복 추구보다 공식으로 딱 떨어지는 정의가 낫지 않을까요?

폴 새뮤얼슨 교수에 따르면 '행복이란 소유를 욕망으로 나눈 것'이라고 합니다. 분자인 소유가 많아지면 많아질수록 혹은 분모인 욕망이 줄어들면 줄어들수록 행복은 커지는 구조죠. 이 말은 곧 '돈이 많으면 행복해질 확률이 높아진다'는 것처럼 들립니다. 하지만 단순하게 '돈이 많으면 행복이 커지겠구나'라고 생각하면 안 됩니다. 수학을 잘하든 못하든 이건 아주 간단한 결과입니다.

잘 생각해 보세요. 소유한 돈이 많아진다는 건 결국 분모인 욕망도 커진다는 겁니다. 그러니 결국은 돈이 많으면 소유가 늘어나고 욕망도 늘어나 행복은 여전히 제자리인 '1'이 될 확률이 높습니다.

그러면 어떻게 행복을 늘릴 수 있을까요? 소유를 늘리는 데는 일종의 한계도 있고 돈도 많이 들어가니 욕망을 조절하는 방법을 택해 봅시다.

새뮤얼슨은 분모인 욕망을 크게 2가지로 나누어서 설명합니다. 하나는 '절대적 욕망'으로 자신의 내면에 본능적으로 존재하는 '가장 기본적인 욕망'입니다. '절대적 욕망'은 어느 정도 충족되면 만족이 가능합니다. 하지만 또 다른 욕망인 '상대적 욕망'은 한계가 없습니다. 이는 자신의 내면이 아닌 상대에 따라서 달라지기 때문이죠. 시대적 혹은 타인의 욕망에 따라 그 범위와 수준이 지속적으로 변화하기 때문에 더 큰 욕망이 필요합니다. 돈에 대한 심리학에서도 오히려 풍요로운 사회보다 빈부격차가 크고 경제적 결핍이 강한 사회일수록 사치품에 대한 구매 욕구가 강하다는 것이 밝혀졌습니다.[41]

그리고 심리학에서는 우리가 실제로 물건을 소유하는 것과 빌리는 것을 비교할 때 행복을 느끼는 차원에서는 큰 차이가 없다는 것을 알려줍니다. 그래서 행복 전문가들은 구매하기보다는 대여하는 것이 훨씬 현명하다고 조언합니다. 심지어 대여의 장점은 소유에 비해 고장으로 인한 수리비나 스트레스에서도 자유로울 수 있습니다.

행복은 본질적으로 사소한 것입니다. 소소하지만 확실한 행복을 뜻하는 단어인 '소확행'이 행복을 아주 잘 설명한 단어죠.[42] 그래서 우리는 행복해지려면 큰 성취를 통한 큰 보상을 얻기보다는 일상에서 소소한 성취를 자주 빈번하게 경험하는 것이 중요합니다.

'일'을 하나의 소명처럼 대하는 장인

2011년 개봉한 미국의 다큐멘터리 영화 〈스시 장인 : 지로의 꿈〉에는 스키야바시 지로를 운영하는 85세 오노 지로가 출연합니다. 이 영화에는 오노 지로라는 장인의 삶이 주는 깊은 울림이 있습니다. 그는 이런 말을 남겼습니다.

"돈은 더 이상 큰 의미가 되지 않아요. 그저 더 나은 기술을
얻는다는 것, 더 나은 스시를 만든다는 것,
그것에서 행복을 느낍니다."

오노 지로는 일본 사회에서 위대한 스시 장인으로 평가받습니다. 그는 최상의 스시를 위해 재료 선택에서부터 최선을 다합니다. 일본에서 구할 수 있는 가장 좋은 참치와 새우 등을 구하기 위해 그 분야 최고의 상인들과 신뢰를 쌓습니다. 이 상인들은 돈을 떠나 자신들의 높은 안목을 인정하고 오랫동안 거래한 지로를 신뢰합니다. 그러니 가장 좋은 재료를 구하면 가장 먼저 지로를 찾습니다. 또한 재료 손질도 아주 오래된 방식을 고수합니다. 재료 손질의 과정은 효율성을 추구하기보다 완벽을 추구합니다. 이쯤 되면 그가 스시를 대하는 마음가짐이 예술가에 가깝다는 것을 느낄 수 있습니다. 그렇게 오노 지로는 '스시'라는 음식 분야에서 최고의 정점에 도달했고 큰 부자가 되었습니다.

그의 말대로 돈은 더 이상 삶의 우선순위가 아닙니다. 초밥 장인으로서 이미 정점에 도달했음에도 불구하고 더 좋은 기술을 익혀서 완벽에 가까운 초밥을 고객들에게 제공하고 싶은 생각이 그를 행복하게 만듭니다.

많은 사람이 '그 정도 돈을 벌었으면 이제는 그저 편안한 집에서

반려동물과 여생을 보내면 행복할 텐데 왜 굳이 여전히 현장에서 힘들게 일을 할까?'라고 의문을 보냅니다. 하지만 오노 지로와 같은 장인들의 생각은 다릅니다. 성장하고 몰입할 수 있는 천직에서 진정한 행복을 찾습니다.

이처럼 우리 삶에서 '일'은 단순히 돈을 버는 보상의 차원이 아닌 인생의 소명과도 같습니다. 이들에게 '일'은 인생의 진정한 행복감을 전해 주는 최고의 선물입니다.

시간의 흐름을 잊는 몰입의 경지

철학자 조엘 쿠퍼먼은 쾌락을 두 가지로 설명합니다. 게임을 할 때나 TV 시청을 할 때 느끼는 '수동적 쾌락'과 어떤 숙련된 일에 몰입하는 '능동적 쾌락'입니다. 수동적 쾌락은 그 순간에는 단기적인 쾌락을 주지만, 그 행위가 종료된 이후에는 가벼운 우울증을 줄 수도 있다고 말합니다. 반면 숙련된 활동, 즉 일을 통한 완전한 몰입은 양질의 쾌락입니다. 쿠퍼먼은 이런 의미로 어떤 행위에 깊게 몰입해 시간의 흐름이나 공간, 생각까지도 잊어버리게 될 때야말로 가치 있는 삶이라고 강조합니다.[43]

여러분도 느껴본 적이 있을 겁니다. 유튜브나 SNS에 몰입해서

두 시간을 보낸 뒤 오는 허탈감과, 운동을 하거나 혹은 맛있는 빵을 굽고, 읽고 싶었던 책을 읽고 두 시간이 지난 뒤 오는 뿌듯함의 차이를 말이죠.

또 다른 철학자 버트런드 러셀도 행복의 중요한 열쇠는 '일'에 있다고 말하며 일에서 주는 몰입감과 성취감은 다른 어떤 곳에서도 얻기 어렵다고 주장합니다. 그에 따르면 진정으로 행복해지기 위해서는 일 그 자체를 사랑하는 마음이 반드시 필요합니다. [44]

일이 행복에 기여하는 것 중에서 가장 공통적으로 이야기되는 지점은 바로 '몰입'을 경험하게 한다는 것입니다. '몰입아카데미'의 대표인 황농문 교수는 인생의 진정한 행복은 일의 몰입에서 온다고 주장합니다. 예를 들면 과학자들이 연구에 몰입하면서 누리는 행복은 성직자들이 영성 활동을 통해 얻는 행복과 유사합니다. 보통 사람들은 과학자나 성직자들이 금욕적인 생활을 하고 반복적이고 지루한 삶을 산다고 생각하지만, 오히려 그들이 삶에서 느끼는 만족감이나 행복감은 일반인보다 훨씬 높다는 것이 밝혀지고 있습니다. [45]

몰입에 대한 찬양은 계속됩니다. 몰입 이론의 대가 미하이 칙센트미하이는 우리 인류의 많은 문제가 '몰입하지 못함'에서 온다는 흥미로운 주장을 폅니다. 그에 따르면 사람들은 어떤 일에 열정을 느끼고 '몰입'할 때 가장 편안하고 내면의 충만함을 느낍니다. 몰입은 점차 우리를 성장하게 해주고 더 큰 열정과 사랑을 느끼게 해줍니다. 그래서 그에게 행복이란 '지금 이 순간에 온전하게 몰입한 상태'입니다. 이처럼 일에 대한 몰입은 그 경험을 통해 성장과 성취감을 동시에 느끼기 때문에 행복의 본질과 가장 맞닿아 있는 행동입니다. 그런데 기억해야 할 것은 몰입은 과정에 집중하는 것이지 결과나 보상에 집중하는 것이 아니라는 겁니다. 과정을 즐거워해야 집중할 수 있고, 이 집중이 유지되어야 진정한 성취로 연결될 수 있습니다.

프리드리히 니체도 스스로 놀이에 몰입하는 모습을 가장 높은 긍정의 정신으로 보았습니다. 따라서 어쩌면 '몰입할 수 있는 일'이 제거된 삶은 그런 의미에서 불완전한 삶이라고 할 수 있습니다. 돈이 많아서 매일 주말처럼 보내거나 여행만 다니는 삶에서는 진정한 행복을 느낄 수 없는 이유입니다.

우리는 그동안 일을 돈을 버는 수단이라고만 생각해 왔습니다. 하지만 살펴본 것처럼 일은 삶의 의미와 정체성, 소속감을 부여하는 차원에서 인생의 가장 중요한 행복의 요인입니다. 우리가 열광했던 경제적 자유를 통한 빠른 은퇴가 과연 행복한 삶일까요? 경제적 자유를 얻어 여가 시간이 압도적으로 많아진다면 과연 하루하루가 행복할까요? 앞서 언급했던 핀란드의 여유로움이 오히려 권태로움으로 이어지는 것을 보면 알 수 있습니다. 북유럽 여러 국가에서 우울증과 그로 인한 자살률이 높은 것도 그런 이유입니다. 일하지 않아도 살 수 있는 일상은 그 어떤 행복도 가져다줄 수 없습니다.

해피리치의 라이프스타일이 가진 특징 중의 하나는 그들에게 '은퇴'는 없다는 것입니다. 해피리치는 인생의 행복을 '일'에서도 크게 추구합니다. 다만 경제적 자유를 통해 자아실현에 가까운 일을 할 수 있도록 현명하게 인생을 설계하는 것이죠. 일의 목적이 무엇을 소유하고 과시하는 것이 아니기 때문에 더 큰 의미를 가진 일에 집중할 수 있습니다. 개인의 성장을 추구하기도 하고 공동체에 기여하기도 합니다. 그래서 해피리치들은 부자가 되어도 열심히 일합니다. '일'이 가장 큰 행복을 주기 때문입니다.

일반적으로 우리는 '일'을 정의할 때 '하기 싫은 것을 억지로 하고 시간과 노동을 투자해 돈으로 교환하는 것'으로 생각합니다. 그러니 되도록 좋아하는 일을 선택해야겠죠. 만약 좋아하는 일을 택하게 된다면 일 자체를 사랑하게 되고 큰 보수를 받고 억지스러운 일을 하는 사람보다 더 큰 행복을 얻게 될 겁니다. 진정으로 몰입할 수 있는 일을 한다면 행복감과 함께 자연스럽게 큰 보상을 얻게 됩니다. 그래서 해피리치는 돈의 여부와 상관 없이 일을 사랑하고 평생 그 일에 매진합니다.

일이 금지된 나라가 있습니다. 그곳에서의 하루는 어떨지 생각해 봅시다. 누군가에게 서비스를 제공하거나 생산적인 일을 해서는 안 됩니다. 오로지 자신을 위해 살아야 합니다. 이 나라의 미래는 어떤 모습일까요?

해피리치들의
돈 제대로 쓰는 법

"내가 원하는 것을 내가 원할 때, 내가 원하는 사람과,
내가 원하는 곳에서 내가 원하는 만큼 할 수 있다는 것은 엄청난 행운이고
행복이다. 그리고 여기에는 반드시 돈이 필요하다."

– 『돈의 심리학』 중에서 –

지금까지 해피리치를 분석한 내용을 정리해 보자면, '해피리치는 쓸데없는 데 비용을 들이지 않아 절약에 익숙하고, 일을 사랑하며 마음의 평온을 느끼는 사람들'입니다. 그런데 정말 이런 일들로 행복을 느끼는 것일까요? 그렇다면 이들의 인생은 너무나도 따분하고 재미없지 않을까요? 정말 그렇다면 저는 해피리치가 되는 걸 원하지 않을 거 같습니다. 그러니 여기에 하나를 덧붙여 봅니다. 해피리치는 여기서 끝나지 않습니다. 그들은 진정한 행복을 주는 데에는 절대 돈을 아끼지 않습니다.

심리학자들은 우리가 보다 현명하게 돈으로 행복을 얻을 수 있는 방법을 알려줍니다. 바로 돈으로 물건을 사는 것이 아닌 '경험을

사는 것'입니다.[46] 경험을 산다는 것은 무엇을 말할까요? 기다리는 신상의 물건을 사는 대신 그 돈으로 적당한 가격의 항공권을 끊거나 기차 티켓을 끊어 여행을 가고, 한 끼의 식사비와 맞먹는 커피를 파는 뷰 맛집 카페에서 친구와 수다를 떨고, 일 년을 꼬박 기다린 뮤지션의 공연을 관람하는 일 등을 말합니다. 경험은 사회적이고, 공유할 수 있고, 기대감을 높이고 다른 사람을 떠올릴 가능성이 높습니다.

또한 경험은 상대적으로 비교를 하지 않게 합니다. 우리가 가진 물건은 다른 사람이 가진 물건과 아주 쉽게 비교할 수 있습니다. 하지만 경험을 비교하긴 쉽지 않습니다. 물론 요즘은 경험도 하나의 물건처럼 유행을 따르는 것이 대세가 되긴 했지만 내가 여행지에서 느낀 기쁨이 비교로 인해 순식간에 초라해지지는 않습니다.

물건은 금방 유행에 뒤처지거나 사용 기한도 유한합니다. 그리고 한때는 트렌드였던 것들이 시간이 지나면 그 가치가 급격하게 떨어지는 경우도 있습니다. 하지만 경험은 오히려 시간이 지날수록 점점 빛이 나고 오래 기억됩니다. 경험은 우리의 기억과 사진, 기념품 등으로 오랫동안 유지됩니다.[47]

자기를 계발하고 성장하고 다른 사람들과의 교류를 위해 돈을 쓰는 것 또한 진정한 행복을 위한 소비입니다. 많은 심리학 관련 실험은 우리가 스스로 유능해지고, 소속감을 느끼며 좋은 관계를 형성하고, 자유롭게 삶의 주도권을 갖고 있는 것에 투자하는 것이야말로 행복으로 가는 지름길이라고 합니다. 그러니 경험을 위해 돈을 쓰는 행동은 행복한 기분을 만들고, 낙관적으로 생각하게 하며, 친절한 행동을 유발합니다.[48] 이는 서로 영향을 주고받으며 강화되는 '선순환' 속에 있죠.

이처럼 해피리치는 불안이나 결핍을 위한 것이 아닌, 인생의 중요한 가치를 위해 돈을 아낌없이 씁니다.

돈의 진정한 가치 '자유로움'

러시아의 문호 알렉산드르 푸시킨은 '서적상과 시인과의 대화'라는 시에서 돈이 없으면 자유도 없다는 메시지를 전달합니다. 그는 당시의 시대가 돈이 인간에게 '자유'를 부여하는 시대로 보았습니다. 그래서 그는 시에서 이렇게 말합니다.

"우리의 시대는 상인들의 시대, 강철의 시대랍니다.

돈이 없으면 자유도 없다는 거지요."

또 다른 러시아의 문호 도스토옙스키는 항상 '돈이 곧 자유'라고 말하곤 했습니다. 그는 인류의 위대한 고전을 남기기도 했지만, 평생 돈 이야기를 하고 살다가 돈 문제로 싸우고 죽은 인물입니다. 그는 평생 생계를 유지하기 위해, 빚을 갚기 위해 소설을 써야 했습니다. 그래서 그의 작품 속에서는 늘 '돈'에 궁핍한 사람이 나오며 돈과 인간과 사회의 애증 관계를 표현합니다. 그는 '돈'은 인간의 삶에 없어서는 안 될 가장 중요한 도구라고 보고 이런 말을 남겼죠.

"돈은 자유다."
"돈 없는 자유가 아닌, 돈 있는 굴종이 인간을 편안하게 해준다."

푸시킨과 도스토옙스키의 돈에 대한 초점은 '자유'라는 가치와 밀접하게 맞닿아 있습니다. 그들은 날카로운 시선으로 인간에게 돈이 없다는 것은 인간을 가장 인간답게 만들어주는 '자유'에 많은 제약을 준다는 것을 간파했습니다. 인간은 가난하기 때문에 부자유스러워지며, 인색함, 분노, 두려움, 불안 등의 감정은 물리적 제약에서 나온다고 보았습니다. 그래서 이 역사적인 두 문호는 돈의 진정한 가치는 '자유의 제공'으로 보았죠.

미국 하버드 대학과 캐나다 브리티시컬럼비아 대학 연구팀은 돈과 행복에 관한 흥미로운 연구를 진행했습니다. 연구결과에 따르면 돈은 시간을 벌어주기 때문에 돈을 많이 사용하는 사람이 그렇지 않은 사람들에 비해 행복하다는 것입니다.

시간을 확보하기 위한 소비는 돈이 행복에 기여할 수 있는 가장 확실한 방법입니다. 여기서 시간을 벌어주는 소비는 무엇일까요? 가사노동이나 단순 업무를 할 때 아르바이트를 고용해 자신의 시간을 확보하는 것을 말합니다. 흥미로운 점은 이렇게 돈으로 시간을 사는 성향은 소득 수준과 상관이 없었습니다. 부자들이나 일반인들 모두 시간을 벌어주는 소비를 통해 더 행복해했습니다.

UCLA 연구팀은 참가자들에게 돈과 시간 중 무엇을 더 원하는지 묻고 그에 따른 행복감을 연구했습니다. 평균적으로 사람들은 시간보다 돈을 선택했습니다. 하지만 행복의 여부를 조사해 본 결과, 돈보다 시간을 선택한 사람들의 행복감이 더 높게 나타났습니다.[49]

이처럼 많은 행복 연구에서 '돈은 시간을 확보할 수 있는 방향으로 소비될 때 행복에 직접 영향을 준다'는 것을 알 수 있었습니다. 물론 돈으로 지불한 시간을 쓸데없는 곳에 허비한다면 무의미하겠지만 우리는 시간을 투자해 돈을 버는 것에 대해 다시 생각해 볼 필요가 있습니다.

명품이 아닌 '자유'를 돈으로 사는 해피리치

자, 그럼 왜 세계적인 두 문호가 그토록 자유를 외쳤는지 생각해 봅시다. 돈이 진정으로 가치 있을 때는 시간과 공간 제약의 '자유'를 얻을 때입니다. 돈으로 얻게 된 자유의 시간에서 우리는 소중한 사람들과 보내는 시간을 늘릴 수 있고, 평생을 추구해야 할 나만의 과업을 탐구하고 갈고 닦을 수 있죠. 시간에 쫓기듯 판단하고 행동하기보다 여유를 갖고 찬찬히 깊게 사유하고 성찰하여 어려움을 극복할 수 있는 지혜를 얻을 수 있습니다. 이와 같은 가치들은 우리가 돈으로 얻을 수 있는 위대한 가치입니다.

독일의 경제학자 하노 벡은 우리가 행복을 만끽하는 데는 시간이 필요하고 시간이 주는 자유야말로 사람을 행복하게 만든다고 말합니다. 즉, 위의 연구 결과대로 돈보다 시간을 중시하는 사람이 더 행복해질 수 있다는 것이죠.

그러니 돈이 아무리 많아도 시간을 낭비하거나 돈을 벌기 위해 시간을 포기하는 것은 현명하지 못합니다. 그래서 심리학자 소냐 류보머스키 교수는 우리가 인생의 귀중한 시간을 돈을 벌기 위해 사용하고, 남은 시간을 TV를 보거나 외모나 물건에 집착하고, 목적 없이 돈을 벌기 위해 방향을 잃고 일을 하게 되면 돈이 아무리 많아도 행복해지지 않을 것이라고 경고합니다.[50]

그래서 우리는 돈으로 살 수 있는 것과 살 수 없는 것을 구별할수 있는 지혜가 필요합니다. 건강, 행복하고 충만한 감정, 사랑을주고받는 감정은 돈으로 절대 살 수 없습니다. 이 가치들은 돈이 많고 적음과 큰 상관이 없습니다. 하지만 이를 지속적으로 얻기 위해서는 끊임 없이 노력하고 관리해야 합니다. 자유는 누구에게도, 무엇에도 예속되지 않는 상태를 말하며 이렇게 자유롭게 살아가는 데충분한 자산을 갖는 것을 우리는 진정한 '경제적 독립'이라고 할 수있습니다.

해피리치는 행복한 삶의 핵심인 자유를 돈으로 살 줄 아는 사람입니다. 그래서 돈의 중요성도 잘 알고 있습니다. 해피리치는 낭비하지 않고 절약을 기본적으로 실천하면서 인생의 중요한 가치를 위해서는 아낌없이 지갑을 엽니다. 해피리치는 창조적인 경험과 시간적 자유를 얻기 위해, 그리고 성장하기 위해 돈을 씁니다. 행복의 중요한 도구로서의 돈의 중요성을 알고 돈에 대해 깊게 탐구하여 부를 축적합니다. 그들의 모든 지향점은 자유와 그로 인해 얻는행복으로 향해 있습니다. 즉, 해피리치는 돈으로 살 수 있는 최고의가치에는 기꺼이 돈을 지불합니다.

돈의 효용과 한계를 날카롭게 분석하는 해피리치들

누구나 감명 깊었던 영화나 책이 하나씩은 있을 것입니다. 저에게는 소설 『위대한 개츠비』가 그렇습니다. 개츠비의 비극적인 삶은 자본주의를 살아가는 현대인에게 많은 교훈을 줍니다. 어쩌면 우리도 개츠비처럼 진정으로 가치 있는 것이 아니라 자기 내면의 상처와 결핍이 만들어 낸 허상을 좇아 한평생을 잘못된 방향으로 나아가고 있는 것은 아닌가 하는 의문이 듭니다.

한때 성공과 출세가 인생의 모든 목적이었던 저에게 이 책은 삶의 지침서가 되었습니다. 그동안 생각해 왔던 입시와 취업, 결혼, 돈과 같은 성공이 과연 '나의 진짜 욕망인 것일까?'라는 생각을 문득 하게 되었죠. 그리고 그 후에 정신분석학자 자크 라캉의 『욕망이론』을 접하면서 내가 욕망하는 것이 나의 욕망이 아니라 타자인 부모, 친구, 사회의 욕망이라는 것을 알게 되었습니다. 그렇게 한때저는 깊은 고민도 하지 않은 채 '성공과 돈'이라는 타인의 욕망을 이루기 위해 방황하고 있었습니다.

『위대한 개츠비』에서 주인공 개츠비는 '데이지'라는 여인을 평생그리워하며 살아갑니다. 그리고 그녀와의 재회를 위해 수단과 방법을 가리지 않고 부자가 됩니다. 하지만 그 과정은 떳떳하지 못했고, 평생을 꿈꿔왔던 그녀와의 만남은 허망하게 끝나버립니다. 개츠비의 이야기는 어쩌면 많은 이의 이야기일 겁니다. 다들 돈과 성공이 주는 세계로의 상승을 꿈꾸지만, 그 환상의 대상이 허상일 수 있다는 중요한 지혜를 전해 줍니다.

'부富'의 대가들은 부를 축적하는 토대를 만드는 과정을 어떻게 보내느냐에 따라서 행복한 부자가 되기도, 혹은 불행한 부자가 되기도 한다고 말합니다. 예를 들어 편법을 사용해서 부자가 되거나, 혹은 정직한 방법으로 부자가 되어도 더 큰 부를 좇아 슈퍼리치를 꿈꾸며 계속해서 도약만을 반복하려는 사람은 불행한 삶을 사는 경향이 있습니다. 마치 개츠비가 그랬던 것처럼 '돈과 성공'이라는 슈퍼리치의 허망한 목표를 향해 나아가는 것입니다.

그래서 부를 이루는 과정의 올바름은 중요합니다. 부의 과정이 떳떳하지 못하면 의심과 배신이 가득한 삶을 살 수밖에 없습니다. 그래서 부자가 되면 점차 인색해지고 불안감을 느끼며 사람들을 불신하기 시작합니다. 자신이 타인과 세상을 도구로 보고 있기 때문에 주변에는 그런 유형의 사람들만 모이게 되죠. 이런 관계는 서로를 이용하기 때문에 상처도 많이 받습니다.

해피리치는 부자가 되는 과정에서 속도와 크기에 집착하지 않습니다. 돈의 효용과 한계를 잘 알고 과정에 집중합니다. 그리고 자신만의 페이스로 부의 궤도에 오릅니다. '부'라는 외재적 동기가 아닌 과정을 즐기는 내재적 동기를 통해 자연스럽게 부자가 됩니다. 그리고 좋아하는 일을 하고 사람들과 깊게 사귀면서 신뢰감을 형성합니다. 떳떳하고 솔직하게 관계를 맺습니다. 누군가가 상처를 주어도 빠르게 회복합니다. 자신은 상대방을 그렇게 대하지 않았기 때문입니다.

나눌수록 행복해지는 활동, 기부

일본의 베스트셀러 작가 혼다 켄은 돈에는 '해피 머니Happy money'와 '콜드 머니Cold money'가 있다고 말합니다. '해피 머니'는 돈의 흐름을 끊기지 않게 하면서 자신과 주변의 사람들을 행복하게 해주는 순환의 흐름을 가지고 있습니다. 반면 '콜드 머니'는 돈을 축적하고 사용할 때 상실감으로 스트레스를 느끼는 단절의 흐름을 가지고 있습니다. 우리는 주로 돈을 콜드 머니의 관점으로 바라봅니다. 콜드 머니는 최대한 모으고, 최대한 저렴하게 교환하려고 하며, 나가지 않도록 꽁꽁 에워싸는 성격의 돈입니다. 이 관점에서 돈은 행복이라기보다는 생존의 수단이 되죠. 하지만 진정한 행복을 주는 것은 해피 머니입니다.

사회적인 동물이라고 불리는 인간은 유대감을 통해 행복을 느껴왔습니다. 그래서 현명한 해피리치의 롤모델들은 자신들이 이룬 부를 물건을 소유하는 데 사용하기보다는 사회에 기여하고 공유하는 데 활용합니다. 그리고 그것이 자신에게 더 큰 행복감으로 돌아온다는 것을 알고 있습니다.

심리학자 엘리자베스 던과 마케팅학자 마이클 노튼은 미국인들을 대상으로 한 설문 조사를 통해 타인을 위한 선물이나 자선단체 기부에 돈을 많이 쓸수록 더 행복하다는 것을 발견했습니다. 우리가 기부를 하면 타인의 고통에 대한 괴로움을 덜 수 있고, 현재 내가 가진 것에 대한 감사함을 느낄 수 있기 때문입니다. 또한 사람들은 나눔으로써 스스로의 문제나 고민을 잠시 잊고 새로운 인간관계를 맺기도 합니다. 무엇보다 인간은 타인에 대한 선물이나 기부를 통해 자신에 대해 긍정적인 기분을 느끼고, 심지어 그 대상이 되는 사람들을 더 긍정적으로 생각하게 됩니다.[51] 즉, 타인에게 돈을 쓰는 행위는 우리를 더 긍정적인 사람으로 만들고 친절한 행동을 유발하고 행복을 증진시켜 주는 아주 현명한 행위입니다.

이미 큰 부를 이룬 이들 중에는 이런 가치를 잘 알고 있는 경우가 많습니다. 세계적인 부호에 항상 이름을 올리는 빌 게이츠 전 MS CEO와 세계적인 투자가 워런 버핏은 재산 대부분을 게이츠 재단에 기부하기로 했습니다. 과거 페이스북이자 현 메타의 창업자 마크 저커버그와 그의 아내 프리실라 챈은 자신들이 보유한 페이스북 지분 중 99%를 살아 있을 때 사회에 환원하겠다고 공언했습니다. 또한 월트 디즈니 창업자의 손녀 애비게일 디즈니가 포함된 '애국적 백만장자 Patriotic Milionaires' 회원들은 전 세계가 팬데믹 기간 동안 엄청난 고통을 겪었지만 자신들과 같은 부자들의 재산은 더욱 증가했다며 사회적 신뢰 회복을 위해 전 세계 부자들에게 부유세를 내게 해야 한다고 주장하기도 했습니다. 그들은 이를 통해 전 세계에 충분한 백신을 만들고 저소득 및 중하위 소득 국가에 보편적 의료와 사회 안전망을 제공할 수 있다고 주장합니다.

미국에서는 연방정부 차원에서 금융교육을 시행해 국민의 금융교육을 지원하고 있습니다. 그중에서 '머니 세이비 Money Savy 프로그램'은 해마다 학교를 선정해 특별활동을 하는 금융 수업입니다. 이 금융 수업은 '저축, 투자, 소비, 기부'로 나누어진 돼지 저금통을 이용합니다. 이 돼지 저금통으로 돈을 쓰는 각각의 방법과 중요성에 대해 어른들과 함께 소통하고 토론합니다. 이처럼 미국에서는 어린 시절부터 '기부'의 위대한 가치를 교육받을 수 있습니다. 아직 경제개념이 확고히 다져지기 전부터 우리 공동체에 기여하는 것이 행복감을 누리는 방법임을 알려주는 것입니다.

우리는 흔히 '기부'라고 하면 '돈이 있어야 하는 행위' 혹은 '남을 돕는다고 자랑하는 행위', '가난한 사람을 불쌍히 여겨 돕는 행위' 정도로 알고 있습니다. 하지만 '기부'는 그렇게 단순한 행위가 아닙니다. 오로지 타인만을 위한 행동도 아닙니다. '기부'로 인해 내면에 행복감이 가득 들어찬 기분을 느껴본 사람이라면 이해할 수 있을 겁니다. 이것이 바로 '기부'를 어릴 적부터 습관처럼 몸에 익혀야 하는 이유이기도 합니다.

생각을 키우는 씨앗 질문

기부를 해 본 적이 있나요? 만약 내가 가진 돈이나 재능, 물건을 기부한다면 무엇을 어떤 곳에 기부하고 싶은가요?

행복에 취약한 인간,
행복해지는 법을 배우다

"행복의 기술을 터득한다면 우리는 더 이상 길을 잃지 않는다."

~ 『행복의 감각』 저자, 마이크 비킹 ~

우리는 행복하기 위해 살아갑니다. 그런데 안타깝게도 우리 인간은 태어날 때부터 행복에 취약하도록 프로그래밍이 되었다고 합니다. 다만 이 사실을 인정하고 열심히 노력하면 행복해질 수 있다고 하니 아직 너무 낙담하지는 마세요. 함께 그 방법을 알아보면 됩니다.

진화생물학에서는 인간이 진화하는 과정에서 그에 최적화된 심리적 면역체계가 발전되었고, 그것이 우리 뇌에 저장되어 있다고 합니다. 쉽게 말해 온갖 위험이 도사리는 자연환경에서 살아남기 위해 스스로를 최적화시켜 왔다는 것이죠. 문제는 이런 심리적 면역체계가 행복해야 할 때도 개입을 하는 겁니다. 그래서 우리는 생애 첫 내 집 마련을 하고 처음으로 자동차가 생기는 것과 같은 행복한 순간에서도 심리적 면역체계가 적용돼 그저 이것은 놀랍고 기쁜 일이 아닌 생존의 일부분이라는 생각을 합니다. 그러니 더 큰 자극을 통해서만 행복을 느끼고 늘 새로운 무언가를 찾아 나섭니다. 심리학자 소냐 류보머스키는 이것을 '쾌락 적응 현상'이라고 부릅니다.[52]

결론적으로 우리 인간은 '행복'보다는 '생존'에 유리한 방향으로 진화해 온 겁니다. 그리고 이런 진화의 명령은 자본주의 사회에 와서는 남보다 더 많이 소유하는 것으로 드러나게 되었습니다. 그래야 살아남을 수 있다는 생각을 하는 것이죠. 그러니 우리는 기본적으로 돈과 지위 등 생존에 유리한 것들을 추구하도록 프로그래밍이 되어 있다는 것을 인정해야 합니다. 이처럼 '돈'이라는 것은 우리 인간이 진화해온 방식에 따라 더 많은 돈을 욕망하게 하고, 그렇게 될 수 있도록 생각과 행동을 최적화합니다. 하지만 돈이라는 것은 본질적으로 행복을 가져다주지 못합니다.

'행복학'이라 불리는 긍정심리학에 의하면 행복은 삶의 태도를 바꾸는 것에서 시작합니다. 삶에서 행복을 크게 느끼는 사람들은 더 좋은 환경이나 상황에 있기 때문이 아닙니다. 그들은 어릴 때부터 교육을 통해 행복할 수 있도록 훈련을 받았거나, 스스로 노력해서 행복을 훈련한 사람들입니다.

이제 우리는 행복해지는 능력에 보다 귀 기울여야 합니다. 돈을 벌어 부자가 되고 싶은 것은 결국은 '행복하기' 위한 하나의 방편이니까요. 사람은 행복해지기 위해 살아가지만 행복해지게끔 진화하진 못했습니다. 그래서 우리는 늘 잡힐 듯 잡히지 않는 '행복'을 찾아 나서고 언제 불행해질지 모르는 여러 원인, 즉 사고나 범죄, 전쟁, 천재지변 같은 부정적인 일에 더 사로잡히곤 합니다. 하지만 뇌과학의 발달과 심리학 등의 발전으로 우리는 행복하기 힘들게 진화한 스스로의 제약을 극복하고 행복하게 살기 위해 다시 한번 진화하는 중입니다.

'그럼에도 불구하고'의 삶

우리는 기본적으로 행복하기 어렵다는 사실을 알게 되었습니다. 거꾸로 말해 이 말은 의식적인 노력을 하지 않으면 쉽게 불행해질 수 있다는 것입니다.

그렇다면 우리가 이 불리한 점을 극복하고 행복해지기 위해서 가장 먼저 해야 할 일은 무엇일까요?

행복 심리학자 조르디 쿠르드박은 행복에 큰 영향을 미치는 요소로 유전적 기질, 안정된 사회적 관계 및 애정 관계, 삶과 직업에서 의미를 발견하는 능력, 생각하는 방식 등을 꼽습니다.

무엇보다 주목할 만한 것은 '생각하는 방식'입니다. 그는 우리의 감정은 절대적인 사건 그 자체가 아닌 인식에 영향을 받는다고 말합니다.

예를 들어 '버스 기다리기'를 생각해 봅시다. 참 지루하고 따분한 일입니다. 요즘은 스마트폰이 있으니 그나마 시간이 빨리 가지만 그래도 시간 낭비 같아 짜증이 납니다. 그런데 이 시간을 달리 생각하면 행복이 시작됩니다. 만약 눈앞에서 버스를 놓쳐 15분 정도 기다려야 한다고 가정해 보겠습니다. 그럼 일반적으로 화가 납니다. 하지만 이 시간을 친구에게 안부 전화를 걸거나 영어 단어를 외우는 시간으로 전환해 봅니다. 주로 평소에 미루던 일을 하는 겁니다. 또한 시험을 망친 상황에 그저 분노만 할 게 아니라 오히려 다음 시험을 대비해 모르던 것을 발견하는 중요한 기회로 여기는 겁니다. 지갑을 잃어버려 불행하다고 느낀다면 이를 자신의 부주의함을 다시 돌아볼 수 있는 인생의 교훈으로 삼는 겁니다.[53]

이런 맥락에서 우리는 행복의 조건을 크게 '설계할 수 있는 것'

과 '설계할 수 없는 것'으로 나눌 수 있겠죠. 설계할 수 없는 것은 우리의 힘으로 결코 바꿀 수 없는 환경입니다. 앞선 예를 생각해 보면 버스의 배차 간격을 조정해 버스를 더 빨리 오게 할 수도 없고, 망친 시험을 다시 볼 수도 없습니다. 잃어버린 지갑을 찾으러 언제까지 헤매고 다닐 수도 없겠죠. 그러니 설계할 수 없는 것을 붙들고 낙담하는 행동은 해서는 안 됩니다.

해피리치는 행복이 돈이 많아지거나 시험을 잘 보거나 좋은 대학, 좋은 직장에 들어간다고 해서 생기는 것이 아니라는 것을 압니다. 오히려 생각을 전환해, '그럼에도 불구하고' 다양한 상황에서 행복을 찾을 수 있는 내면의 여유로움을 갖습니다. 소냐 류보머스키는 '행복의 50%는 태어나면서 유전적으로 결정되고, 10%는 환경에 의해 영향을 받고, 나머지 40%는 의도적 활동으로 구성된다'고 말합니다. 그래서 우리가 할 수 있는 것은 자신이 제어할 수 있는, 설계할 수 있는 40%를 활용해서 행복해지는 겁니다.[54]

즉, 노력해도 바뀌지 않는 것에는 신경을 끄고 자신이 제어할 수 있는 것에 집중하는 것이죠. 이것이 바로 생각의 전환이고, 이것이야말로 행복을 위한 실천의 첫걸음입니다.

급변하는 세상의 뉴스와 언제 터질지 모르는 재해나 전쟁을 두려워하기보다는 지금 당장 내 앞에 놓여 있는 문제부터 제대로 다루는 것이 행복한 인생을 위한 생각 전환의 시작입니다.

해피리치는 행복은 특별하고 어려운, 크고 대단한 법칙을 아는 것이 아니라는 것을 잘 압니다. 지금 당장 일상에서 발견할 수 있는 작은 것들, 바로 실천할 수 있는 것들로부터 행복을 쌓아가도록 노력합니다.

전환근이 아닌 '행복의 근육' 키우기

마틴 셀리그만과 같은 심리학자들은 행복을 일종의 고차원적인 감각이라고 설명합니다. 그에 따르면 진정한 행복은 삶의 다양한 요소들이 절묘하게 조화롭게 작동하는 상태이며, 단순한 감각의 만족이 아닌, 보다 높은 차원의 정신적 만족입니다. 그래서 행복한 삶을 살기 위해서는 건강, 경제적 풍요, 공동체의 지지, 삶의 의미 등이 모두 요구됩니다. 그리고 아주 어린 시절부터 이를 교육받고 훈련해야 한다고 말합니다. 진정한 행복을 지속적으로 느낀다는 것은 그만큼 어려운 것이기 때문이죠.[55]

모든 감각이 그 감각을 자꾸 자극하고 인식해야 느낄 수 있는 것처럼 행복감도 마찬가집니다. 행복도 지속적으로 그 감각을 사용하고 인식해야 합니다.

행복을 느끼기 위해 지속적으로 행복감을 사용하고 인식하라는 내용이 다소 어려울 겁니다. '행복하지 않은데 억지로 행복감을 연습해야 하는가?'라는 의문이 들어서죠. 그래서 행복이 증진되는 유익한 효과를 지속하기 위해서는 인내가 필요합니다. 마치 밭을 가꾸듯 평생에 걸쳐 행복을 일구고 유지하려는 계획을 세우고 습관으로 전환해야 합니다. 그렇게 되면 다른 습관들처럼 특별한 노력 없이도 우리는 쉽게 행복감에 젖을 수 있습니다.

일상에 다양한 행복의 요소들을 전략적으로 배치하고 최대한 효과적으로 행복을 만끽하는 것, 이것이 바로 행복하기 위한 노력들이죠. 근력운동도 그렇듯이 겉으로는 단순해 보이는 것도 제대로 하려면 어렵습니다.

행복하려는 의식을 습관처럼 들여 몸과 마음의 무의식에 새겨야 합니다. 감정은 우리의 의식이 아닌 무의식에서 나오니까요.

단단히 행복해지기로 결심하기

심리학박사 김경일 교수는 이를 위해 '징검다리 행복론'을 제시합니다. 바쁜 일상 속에서 소소하게 느낄 수 있는 소확행들을 곳곳에 배치하는 것이죠. 오늘 하루 정말 모든 에너지를 다 쏟아부을 정도로 열심히 살았다면 내일은 조금은 비싼 음식점에서 사치를 부리는 것도 좋습니다. 이럴 때 행복감은 배가 되겠죠.

우리는 보통 다이어리를 사면 해야 할 일만 적습니다. 그렇게 적는 것만으로도 벌써 진이 빠지죠. 리스트만 봐도 하기 싫은 일투성이입니다. 이럴 때 돈이 많이 들지 않는 사소한 행복 리스트들을 배치해 봅니다. 그러면 '나의 일상에도 하나쯤은 행복한 일이 매일 있구나'라는 생각에 기분이 좋아집니다.

심리학자들은 행복에도 중간중간 휴지기가 필요하다고 말합니다. 같은 방식으로 행복을 느끼는 것이 쉽지 않기 때문에 휴지기를 마련해서 다시 행복을 음미하고 즐길 수 있는 능력이 회복될 시간이 필요한 것이죠.[56] 그래서 행복에 능숙한 사람은 시간을 분할해서 행복의 '첫 순간'을 많이 만들어 일상에서 자주 행복을 느낍니다. 그래서 여행도 먼거리를 큰 결심을 하고 가는 것보다, 가까운 거리의 쉽게 갈 수 있는 곳을 짧게 자주 가는 것이 더 행복하다고 합니다. 여행은 사실 가는 것보다 가기 전의 기대감이나 해방감이 더욱 큽니다. 그러니 짧은 여행을 자주 가면 행복은 자꾸자꾸 찾아오는 단골손님이 되겠죠. 이런 소확행의 습관은 잦은 만족을 줄 뿐만 아니라 상대적으로 비용도 적게 듭니다.

심리학자 로버트 홀든은 행복은 하나의 과정이지 종착지가 아니기 때문에 '어떤 일이 끝나면 행복할 거야, 어떤 상황이 오면 행복할 거야'라고 생각하지 말아야 한다고 주장합니다. 자신이 하는 모든 일에 행복을 의도적으로 불러들여야지, 조건 너머에 있는 행복이 알아서 나에게 찾아오길 바라면 안 된다는 겁니다.[57] 그래서 우리는 하루가 끝날 때 행복했던 기억을 돌아보는 게 아니라 하루를 시작할 때부터 단단히 행복해지기로 결심해야 합니다.

진정한 행복을 얻기 위해서는 무엇보다 부정적 정서를 다루는 방법을 일상에서 연습하고 훈련해야 합니다. 해피리치는 이를 위해 다양한 행복 기술들을 일상에서 적용합니다.

그 몇 가지를 소개해 드립니다.

인생 필수템, 행복 훈련법 세 가지

첫 번째, 감사일기와 칭찬일기 쓰기

행복을 일상에서 훈련하기 위해서는 무엇보다 마음을 긍정적으로 전환하는 것이 중요합니다. 이때 사물을 바라보는 틀을 전환하는 '리프레이밍reframing'이라는 심리기법이 필요합니다. 심리학자 최인철 교수는 리프레이밍이야말로 오해와 편견으로 가득한 세상에서 나와 타인을 이해하고 더 나은 삶을 창조하는 방법이라고 말합니다.[58] 이 기법을 실천할 수 있는 방법은 바로 '감사일기'와 '칭찬일기' 쓰기입니다.

이는 이미 행복 연구에서 밝혀진 가장 확실하게 검증된 방법이죠. '감사'라는 감정은 우리의 의식 수준에서도 가장 높은 차원에 위치합니다. 그래서 가장 높은 행복감을 만들어주죠. 특히 인간은 감사함을 쉽게 망각하고 부정적인 것에 더 쉽게 반응하도록 진화했기 때문에 의식적인 감사일기는 매우 중요한 방법입니다. 하버드대의 행복학 강의로 유명한 탈 벤 샤하르 교수, 세계적인 베스트셀러 작가 팀 페리스 등은 실제 이 방법을 통해 매일의 감사함을 인식하고 행복함을 유지한다고 밝혔습니다.

조르디 쿠아드박은 단 몇 분이라도 매일 삶에 대해 감사하는 마음을 가진다면 손에 꼽을 수 없을 정도의 많은 혜택을 누릴 수 있다고 말합니다. 그는 '감사함'이란 우리가 이미 가지고 있는 것들이 얼마나 소중한지를 떠올리면서 우리가 가진 행운에 집중하는 것이라고 하죠. 그러면서 그는 로버트 에먼스 교수와 마이크 맥컬로프 교수의 연구를 그 사례로 듭니다. 이 연구에 따르면 감사일기를 쓰는 습관이 진정한 행복감뿐만 아니라 신체적 건강까지도 증진시켜 줄 수 있다는 사실을 증명하기도 합니다.[59]

'감사일기' 쓰기는 단순해 보이지만 결코 쉽지 않습니다. 먼저 아침 일기에 감사한 것들을 적습니다. 감사한 대상은 사랑하는 가족, 주변인에서부터 아주 사소한 것까지 확장될 수 있습니다. 이것을 매일 해야만 의미가 있는데 쓰다 보면 반복되고 소재가 떨어지기도 하죠. 그러니 아주 작은 것에도 감사를 느껴야 합니다. '어제는 배변 활동이 원활하지 않았는데 오늘은 너무 쾌변을 봤다' 이 또한 감사해야 합니다. '오늘 아침에는 10분 정도 일찍 일어났네?' 이 또한 고마운 일입니다. '아침 식사가 어제보다 맛있다' 너무 감사한 일이죠. 이처럼 모든 것이 감사하면 그날 하루는 행복해집니다. 이 과정을 통해 우리는 일상에서 얼마나 감사함을 느끼지 못하고 살아왔는지 알게 됩니다.

또 한 가지 방법은 '칭찬하기'를 적는 것입니다. 실제 일상에서 부정적인 정서가 강하게 자리 잡고 있는 사람들에게는 '칭찬하기'가 자존감과 평온함을 가져다줍니다. 남을 칭찬할 것이 없으면 본인을 칭찬해도 됩니다. 우리의 뇌는 흥미롭게도 자신을 스스로 칭찬해도 다른 이에게 칭찬을 듣는 것과 비슷한 반응을 보입니다. 그래서 우리 뇌는 누군가를 칭찬할 때 그리고 칭찬받을 때 긍정적으로 반응합니다. [60] 즉, '칭찬일기'는 칭찬하기와 칭찬받기의 두 가지 효과를 모두 얻을 수 있는 행복 훈련법이죠. 감사함과 마찬가지로 소재가 떨어질 땐 아주 세세한 것을 칭찬할 줄 알아야 합니다.

두 번째, 명상하기

명상은 편안한 자세로 생각을 비우는 것을 통해 새로운 흐름을 만들어 냅니다. 미하이 칙센트미하이 교수는 창의적인 결과를 만들어 낸 사람들은 활동성과 평온함의 두 가지 양면성을 가지고 있다고 합니다. 그에 따르면 남들이 보지 못한 무언가를 발견하고 이것을 실천에 옮긴 사람들은 에너지 넘치는 활력과 차분히 생각하고 성찰하는 평온함을 동시에 갖추었습니다. 그리고 실제 엄청난 성과를 낸 사람들은 자신의 성공과 행복의 도구로 명상을 꼽는 경우가 많습니다.

우리는 신체 강화 운동법은 이미 넘치도록 알고 있지만, 행복한 정신적 상태가 되기 위해 무엇을 해야 하는지는 모르는 경우가 많습니다. 무엇보다 운동처럼 정신도 단련해야 강화된다는 것을 잘 모르죠.

많은 뇌 과학자는 감마파가 활성화되는 경우를 '가장 행복한 뇌'라고 표현합니다. 즉, 뇌파의 변화를 통해 사람의 '행복함'의 척도를 측정할 수 있다고 보는 것이죠. 흥미롭게도 이런 기준을 토대로 가장 행복한 사람은 바로 '승려'들입니다. 이들은 많은 시간을 명상하며 마음을 갈고닦습니다. 그래서 뇌 과학자 리처드 데이비드슨은 연구를 통해 우리가 행복을 갈고닦을 수 있으며, 운동을 통해 신체를 단련하듯이 행복도 일정한 훈련을 통해 단련할 수 있다고 보았습니다. 그중에서도 '명상'이야 말로 행복해지는 가장 훌륭한 훈련법이라고 보았습니다. 따라서 명상은 해피리치로 살아가기 위해 반드시 함께해야 할 동반자입니다. 명상은 우리의 의식을 명료하게 만들어주고, 부정적인 생각을 막아주는 무의식과 소통하는 몇 안 되는 행위입니다. 자기암시 등의 행위도 명상과 연결해서 진행하면 좋습니다.

우리는 가만히 있으면 부정적인 것에 집중하는 경향이 있습니다. 끊임없이 다른 사람과 비교하게 되고, 멀쩡한 자동차나 스마트폰이 구식같이 느껴지고, 제3국의 전쟁 위험에 주식시장이 폭락할 것만 같은 불안감에 사로잡히게 됩니다. 그렇게 되면 스트레스는 항상 우리를 괴롭히고 이를 술, 게임, 폭식, 동영상 알고리즘 등의 탐닉 행위로 이겨내려 합니다. 충동적으로 물건을 사는 쇼핑의 경우도 우리의 뇌가 혼란스럽고 산만한 상태에서 이루어지는 경우가 많다고 알려져 있습니다.[61]

이처럼 명상은 우리 뇌의 상태를 '불안'과 '결핍'의 베타파에서 '평온'과 '안정'의 알파파로 전환하는 데 큰 도움을 주죠.

그래서 아침을 시작할 때나 잠이 들기 전에 하는 명상은 우리의 산만한 뇌를 정리하고 마음을 평온하게 하여 외부의 자극이나 유혹에서 자유롭게 도와줍니다. 그리고 무의식적으로 해온 다양한 나쁜 습관을 교정하는 데도 큰 도움을 줍니다.

세 번째, 행복 호르몬 세로토닌 활성화하기

'세로토닌'은 행복 호르몬이라고도 불립니다. 자극을 추구하는 도파민과 다르게 마음을 안정시키고 평온함을 가져다주기 때문이죠. 달리 말하면 세로토닌이 활성화되지 못하면 불안증이나 우울증에 빠질 염려가 있습니다. 우리는 앞서 설명한 것처럼 우울할 때 과소비를 하거나 합리적인 판단을 내리지 못합니다. 그래서 세로토닌이 활성화될 수 있는 환경을 조성하는 것이 중요합니다. 강렬하진 않지만 차분하게 스며들듯이 밀려오는 충만함이 행복이고, 이는 세로토닌이 활성화되면 느껴지는 감정입니다. 또한 세로토닌은 절제와 자기 조절력 차원에서 기능합니다.[62]

'세로토닌 문화' 원장 이시형 박사는 그동안의 현대 한국 사회의 정신적인 문제는 '세로토닌 결핍 증후군' 때문이라고 진단합니다. 우리 사회가 성장에 집착하게 된 이유도 도파민의 과도한 중독에 의한 세로토닌의 결핍에 의해서 나타난 것이라고 말합니다.

그가 말하는 진정으로 행복한 사람은 세로토닌형 인간입니다. 이들은 부드러워 보이지만 내면에는 단단한 열정과 힘을 가지고 있으며, 수동적이기보다 능동적인 사람입니다. 그래서 세로토닌형 인간이야말로 새로운 시대의 라이프스타일에 최적화된 인간이라고 주장합니다.[63]

그렇다면 우리는 세로토닌을 어떻게 분비하도록 훈련해야 할까요? 세로토닌은 우리의 신체활동 혹은 타인과의 깊은 유대감, 아름다운 것의 감상 등에서 나옵니다. 이 활동의 공통점은 대부분 많은 돈이 필요하지 않다는 것입니다. 이는 미래를 바꾸는 자기계발과는 다른 방식입니다. 바로 현재를 바꾸는 마음 습관을 만드는 훈련이죠. 행복할 줄 아는 습관을 통해 원할 때 언제든지 행복해질 수 있기 때문에 일상에서 세로토닌을 분비할 수 있는 생활 습관은 매우 중요합니다. 그는 세로토닌 활성을 위해서는 '운동, 햇볕 쬐기, 스킨십'의 3가지 활동을 제안합니다.

서울대학교 황농문 교수는 삶에서 가장 중요한 활동은 1시간 정도의 땀 흘리는 운동이라고 합니다. 이는 신체적 건강을 위해서이기도 하고, 풀가동시킬 수 있는 좋은 뇌를 만들기 위한 활동이기도 합니다. 그래서 우리는 행복감을 유지하기 위해서 잘 쉬고 열심히 운동해야 하죠.

두 번째는 햇볕 쬐기입니다. 태양과 자연은 가장 강력한 세로토닌 활성 자극제입니다. 햇빛과 자연의 새소리, 물소리, 맑은 공기 등에 노출되면 세로토닌이 분비되며 우리 몸의 모든 활동성 호르몬이 가동하기 시작합니다. 태양 아래 혹은 숲이나 산에서 20~30분 정도 걸으면 세로토닌이 최고조로 분비된다고 합니다.

셋째는 스킨십입니다. 마음이 잘 맞는 사람들과 함께 대화를 나누고, 악수나 포옹과 같은 스킨십을 하면 세로토닌이 무한히 분비됩니다.[64]

생각을 키우는 씨앗 질문

각박하고 혼란스러운 세상에서 감사한 일을 찾는 건 사막에서 바늘을 찾는 것만큼 힘든 일입니다. 그럼에도 쥐어짜며 찾아봐야 합니다.

오늘, 지금 현재 나를 둘러싼 환경을 돌아보세요. 고맙고, 감사하고, 뿌듯하고, 놀라운 일들이 있을 겁니다. 그건 과연 무엇일까요?

4장

행복한 부자를 위한
해피 마인드 3

책상머리 공부가 아닌 돈 공부에 몰입하라

부자는 태생부터 다르다

"돈은 특별한 속성을 갖고 있다. 스스로 돈을 가질 자격이 없다고
믿는 사람들에게는 절대 붙지 않는다."

~ 『생각하라 그리고 부자가 되어라』의 저자, 나폴레온 힐 ~

로널드 리드는 25년간 자동차 수리공으로, 17년간 백화점 청소
부로 일해 왔습니다. 고졸이었던 그는 38세에 겨우 구매한 방 2개
짜리 집에서 일생을 살았습니다. 그런 그가 세상을 놀라게 합니다.
약 600만 달러(약 80억 원)를 지역 병원과 도서관에 기부한 것이죠.
자녀들에게는 약 200만 달러를 남겼는데 알고 보니 그의 자산은
800만 달러(약 100억)가 넘었습니다. 흥미로운 것은 주변 사람은 물
론 그의 자녀들도 아버지의 재산이 그렇게 많은지 몰랐다고 합니
다. 평범한 삶을 살았던 로널드 리드가 어떻게 이렇게 많은 자산을
모을 수 있었을까요?

시시하게도 별다른 비밀은 없었습니다. 유산을 물려받거나 복권에 당첨되지도 않았습니다. 그저 열심히 일해 모은 결과입니다. 단순히 월급만으로 100억을 모았다고 하면 아무도 믿지 않겠죠? 맞습니다. 그는 열심히 모은 돈을 우량 기업에 투자했습니다. 그리고 웬만해서는 팔지 않았습니다. 수십 년의 시간이 지나 적은 돈이 모여 복리로 불어나 800만 달러가 넘는 돈이 되었던 것입니다.

이번에는 대한민국의 서민 부자를 만나봅니다. 최원호 씨는 젊은 시절부터 매일 15시간 이상 택시 운전을 하면서 가족을 부양했습니다. 그런데 그는 현재 구독자가 수십만이 넘는 경제 유튜버이자 자산가가 되어 여유로운 노후를 즐기고 있습니다.

그는 IMF 직전인 1996년부터 소액으로 주식투자를 시작했습니다. 현재 국내에서 가장 큰 회사인 삼성전자의 기술을 높게 평가해 현재 가치 기준(6만 원)의 삼성전자 주식을 2,000원일 때부터 매수했습니다. 그리고 6년 정도의 기간마다 수익을 실현해서 부동산 투자를 했습니다.

로널드 리드와 최원호 씨의 사례는 우리에게 많은 생각을 하게 합니다. 경제적인 혜안이 뛰어나거나 높은 수익의 직업군에 속하지도 않는 평범한 사람들도 부자가 될 수 있다는 생각입니다. 다만 이들은 한 가지를 이해하고 있었습니다. 바로 부의 '복리효과'입니다. 물리학자 알베르트 아인슈타인은 복리를 '우주에서 가장 강력한 힘'이며, '세계 8번째 불가사의'라고 말했습니다.

복리는 보통 '72의 법칙'으로 설명됩니다. 원금이 2배로 늘어나는 데 걸리는 시간이 7년이라는 뜻입니다. 이 힘을 믿고 버티고 인내하다 보면 우리는 복리의 강력한 힘을 무한히 사용할 수 있게 됩니다. 특히 인생의 최대한 빠른 시기부터 자산에 투자해 10~20년의 시간이 지나면 '복리효과'로 큰 수익을 얻을 수도 있습니다.

미국의 경제학자 버턴 말킬 교수는 투자는 상대의 실수 때문에 점수를 얻는 아마추어 테니스 게임과 같다는 '패자 게임'의 개념을 주창했습니다. 아마추어의 게임에서는 뛰어난 몇 번의 공격이나 수비보다도 꾸준히 실수하지 않고 게임을 진행하면 승리할 수 있습니다.

따라서 우리가 부를 이루는 데 있어 중요한 것은 뛰어난 통찰력이나 비범한 개인적 역량이라기보다 열심히 일하고 번 돈을 절약해 좋은 기업에 꾸준히 투자해서 복리효과를 누리는 것입니다. 자본주의는 무서운 면도 있지만, 이러한 시스템의 논리를 잘 이해하고 꾸준히 노력한다면 누구나 부자가 될 수 있는 기회를 제공합니다.

'부'의 씨앗을 끌어당겨 두뇌에 심는 훈련

『수학의 정석』이라는 책은 1966년에 출판되어 지금까지도 수학 개념서로 많은 수험생에게 읽힙니다. 반세기가 지난 뒤에도 살아 남은 것을 보면 불변하는 수학의 핵심이 잘 담겨 있기 때문일 것입니다.

감사하게도 '부'에 관해서도 수학처럼 일종의 '공식'들이 잘 소개된 책들이 존재합니다. 그리고 이를 자신의 삶에 적용하여 실제로도 부를 이룬 사람들이 많아지고 있고, 그들의 이야기가 다양한 책이나 SNS 공간에 소개되고 있습니다.

'부'와 관련된 많은 정보를 살펴보면 '부와 성공을 위한 불변의 법칙'이 존재한다는 것을 알 수 있습니다. 철학에는 플라톤이라는 인물이 존재하듯이 말이죠. 부와 성공 분야에서도 그런 존재가 있습니다. 바로 '나폴레온 힐'입니다. 사실 부와 성공에 관한 연구를 진행하면서 모든 이야기는 나폴레온 힐의 성공 공식을 삶에 적용한 이야기, 혹은 당대에 맞춰 재해석한 내용이라는 생각이 많이 들었습니다.

그렇다면 나폴레온 힐의 부의 공식에는 어떤 점이 가장 강조될까요? 실제 나폴레옹 힐의 책을 읽어보면 누구나 다 아는 것이거나 다소 유치해서 납득하기 어려운 이야기들이 담겨 있습니다. 이 공식은 과거에는 소수에게만 전해져 왔습니다. 그래서 부의 법칙의 고전이라고 불리는 책도 '시크릿'이라는 제목을 갖고 있나 봅니다. 비밀리에 전해야 할 소중한 정보라는 것이죠. 하지만 과거 이 공식을 알던 이들은 왜 그 방법이 자신을 부자로 만들어주었는지를 설명하지 못합니다. 그저 경험적으로, 직감적으로 그 방법이 정말로 효과가 있다는 것을 알았던 것 같습니다. 그래서 자신의 삶에 적용해 실제 큰 부를 이루어 왔지만, 그 효과를 널리 알리지 못하고 가까운 소수에게만 전해 주었습니다. 다만 이 공식은 현대인들이 이해하기에 다소 신비주의적인 측면이 있어 그 효과에 대한 의견은 분분했습니다. 그런데 최근 이 부의 공식은 뇌 과학과 양자물리학의 발전과 맞물려 그 효과가 과학의 영역에서 조금씩 입증되고 있습니다.

이 부의 공식의 주요 방법은 '끌어당김의 법칙'입니다. 이 방법은 돈의 속성에 대해 제대로 이해하고 우리의 무의식과 뇌를 활용하는 것입니다. 예를 들면 스스로 해피리치가 된 모습을 상상하고 이를 정말로 믿는 것입니다. 그러면 엄청난 능력을 가진 우리의 뇌와 무의식이 부자가 될 수 있는 아이디어를 찾고, 정보를 모으고, 실행력을 높입니다. 조금은 허무맹랑한가요? 이것이 사실이라면 생각을 조금이라도 할 수 있는 오랑우탄도 부자가 될지 모릅니다. 하지만 실제로 큰 부를 얻은 사람들은 이 방식을 따른 경우가 많았고 실생활에서도 가끔 벌어지는 일들입니다.

2016년 리우 올림픽 펜싱 에페 결승전에서 국가대표 박상영 선수는 헝가리의 '제자 임레' 선수와의 시합에서 13:9로 점수 차가 벌어지며 2라운드를 마무리합니다. 모두가 그의 패배를 감지하고 있을 때 그는 쉬는 시간에 고개를 끄덕이며 '할 수 있다'를 되뇌었습니다. 이를 목격한 시청자들은 그저 자신을 위로하는 것이라고 생각했습니다. 역전하기에는 어려운 스코어였기 때문이죠. 하지만 박상영 선수는 기적을 만들어 냈습니다. 에페 경기의 특성상 뒤집기 힘들다는 4점의 점수 차를 좁히고 역전승하게 됩니다. 그리고 이 장면은 꽤 오래 화제가 되었습니다.

이처럼 이미 스포츠 분야에서는 많은 선수가 어떤 목표를 달성하기 위해 스스로에게 최면을 걸듯 자기암시를 하는 것의 힘을 잘 알고 이를 이용하고 있습니다. 그리고 이 방법은 스포츠 분야뿐만 아니라 '부'의 영역에서도 마찬가지로 적용됩니다.

무의식은 일반적으로 대부분의 상황에서 의식보다 앞서거나 강력합니다. 우리가 이해하지 못하는 나쁜 습관을 반복해서 하는 이유는 무의식이 의식보다 강하기 때문입니다. 칼 융은 그래서 무의식을 의식적으로 다루지 않으면 우리는 무의식대로 살게 되고 그걸 '운명'이라고 부른다고 말합니다.

『시크릿』과 같은 성공학의 책들에서 이야기하는 내용은 주로 원하는 것을 상상해서 긍정적인 마음의 상태인 고주파의 상태로 살아가는 것입니다. 그렇게 되면 세상은 그 사람의 성공과 부를 돕기 위해 작동한다는 논리입니다. 다소 비약적인 측면이 있긴 하지만 이 책에서 말하는 끌어당김의 법칙은 인류가 아주 오래전부터 감각적으로 깨우친 뇌의 작동원리라고 할 수 있습니다.

이 밖에도 무의식을 지배하는 플라시보 효과도 있죠. 이는 정신적 상태가 우리의 신체에 미치는 영향을 의미합니다. 울리히 슈나벨은 플라시보 효과가 우리에게 알려주는 통찰은 자기실현적 예언이 신경생물학적으로도 효과가 있다는 것을 과학적으로 증명한 것이라고 말합니다. 즉, 우리가 의식하지 못하는 사이 우리의 뇌는 스스로 치료에 필요한 조건을 파악하고 실제로 나을 수 있게 단계적으로 과정을 밟아나갑니다. 반대로 노시보 효과는 두려움이 뇌의 변화를 일으켜 염려했던 결과를 불러오는 것입니다.[65] 즉, 작은 차이이긴 하지만 계속 어떤 것이 효과가 있을 것이라고 긍정적으로 믿는 사람과 그것이 효과가 없고 불가능하다고 불신하는 사람은 시간이 지날수록 차이가 날 수 있습니다.

부자가 된 모습을 생생하게 상상하라

끌어당김의 법칙에서 가장 핵심이 되는 행위는 '생생하게 상상하기'와 '자기암시 하기'입니다. 매일 원하는 것을 이룬 상태를 생생하게 상상하고 문장으로 만들어 아침 저녁으로 반복해서 자신에게 이야기하는 것이죠. 이 행동은 잠들기 직전과 아침에 일어나자마자 수행하는 것이 핵심입니다. 두 시간대가 의식이 개입하기 가장 어렵기 때문입니다. 의식이 개입하지 않은 무의식 상태에서 반복적으로 자신이 원하는 상황을 이미지화하고 문장화해서 입력하는 것입니다. 이 행동은 뇌의 작동 방식을 잘 이용하는 것입니다.

자기암시 요법의 창시자인 에밀 쿠에 박사는 자기암시의 힘을 과학적으로 증명해 플라시보 효과를 발견했습니다. 그는 '의식'과 '무의식'이 서로 충돌하면 '무의식'이 항상 승리한다고 말합니다. 플라시보 효과처럼 반복해서 생각하고 말하면 그것이 마치 실재하는 것과 같은 착각을 일으키는 것이 뇌가 가진 속성이라는 것이죠.

우리는 말로는 '부자가 되고 싶다', '돈을 많이 벌고 싶다'라고 말합니다. 이렇게 의식적으로는 '부'를 끌어당기지만, 실제 무의식에서는 '과연 될까?', '열심히 일한다고 부자가 될까?' 하고 이를 의심하며 부를 밀어냅니다. 이렇게 의식과 무의식이 충돌하는 상황이 펼쳐지면 결국은 돈을 밀어내는 무의식의 힘이 승리하는 것입니다. 따라서 우리는 무의식의 차원에서도 돈을 원하고 돈을 벌게 만들 수 있는 상태를 만들어야 합니다.

이는 우리 뇌의 작동원리와 일맥상통합니다. 뇌의 해마는 입력되는 수많은 정보 중 '자극'과 '반복'을 기준으로 삼아 장기기억으로 전환합니다. '돈'에 관해서도 우리는 인식 전환을 위해 동일한 방법을 사용하면 됩니다. 바로 '자극'과 '반복'을 이용해서 장기기억으로 전환하고 무의식의 습관과 태도, 그리고 감정을 서서히 변화시켜 가는 것입니다. [66] 그러면 우리의 뇌는 실제와 다르게 그 상황이 이루어진 것으로 믿기 시작하고 이를 현실로 만들기 위해서 쉬지 않고 작동합니다.

『80/20 법칙』의 리처드 코치도 이런 뇌와 무의식의 힘이야말로 의식적인 노력과 함께 작동했을 때 진정한 성과를 창출한다고 강조합니다. 그는 무의식은 성공의 숨겨진 요인이라고 이야기합니다. 무의식은 이미지와 감정을 다루고 의식은 논리를 다루지만, 우리의 의사결정은 늘 감정적인 배경에서 만들어진다는 것이죠. 그리고 의식은 한 번에 단 하나의 일만 수행할 수 있고 기억 용량에 한계가 있지만, 무의식은 수많은 활동을 동시에 수행할 수 있으며 기억 용량이 무한합니다. [67] 그래서 얼핏 유치해 보이지만 끊임없이 목표를 적어보고 그 목표가 이루어진 멋진 이미지를 생생하게 상상해서 기분 좋은 설렘과 행복함을 느껴보는 것은 매우 현명한 전략이라고 할 수 있습니다. 실제 부를 이룬 수많은 사람이 이 방법의 중요성을 반복적으로 이야기합니다. 그래서 부는 상상력이 뛰어난 사람에게 온다고 합니다.

해피리치는 무의식을 이용해 부자가 됩니다. 행복하고 풍요로운 삶을 실제 이룬 것처럼 매일 상상하며 스스로에게 반복해서 이야기합니다. 그리고 그 상상의 과정을 통해 실제 꿈을 이룬 것처럼 매일 행복하게 살고 현실에서도 부와 행복을 키워나갑니다.

'돈'의 속성 세 가지

부자는 역량이 뛰어난 사람이 아닌, '돈'에 대한 통찰력이 뛰어난 사람입니다. 돈에 대한 통찰력은 '돈의 교양'에서 나온다고 할 수 있습니다. 아무리 공부를 많이 하고 좋은 직업을 가져도 '돈의 교양'이 없다면 많은 어려움을 겪을 수 있습니다. '돈의 교양'이란 경제적·심리적으로 풍요로운 삶을 살기 위한 태도입니다.[68]

돈의 교양은 무엇보다 돈이 가진 오묘한 속성을 잘 이해하고, 돈의 그릇을 넓혀 부자가 되고 이를 오랫동안 유지하는 방법을 다룹니다. 특히 아무리 돈을 많이 벌고 모아도 한 사람의 돈 그릇이 작다면 그 돈은 흘러넘치고 모이지 않습니다. 그래서 이 그릇을 넓히는 것이 돈의 교양에서 가장 중요합니다. 지금부터는 많은 부의 대가들이 설명한 돈의 속성에 대해 살펴볼까 합니다.

먼저 우리가 반드시 알아야 할 돈의 속성은 크게 세 가지가 있습니다.

첫째, 돈은 점점 추상적인 개념이 되었습니다. 그래서 이런 변화된 돈의 속성을 잘 이해해야 합니다. 돈은 궁극적으로는 교환을 위한 매개체입니다. 인류는 생존과 편리를 위해 교환을 하면서 사회를 발전시켜 왔습니다. 그런 가치의 교환은 역사적으로 다른 모양과 성격을 띠면서 의미가 변했습니다. 돈은 사회 규모가 확장되면서 조개껍질, 금속, 종이의 모습을 거쳐 최근에는 전자화폐의 모습으로 진화하고 있습니다. 조개껍질이나 금속과 같은 모습의 돈은 구체적이고 삶의 실제적인 가치를 가지고 있었지만, 종이 화폐에서부터는 실제적인 가치에서 멀어져 점차 추상화되기 시작했습니다. 특히 핀테크와 블록체인의 기술을 바탕을 둔 전자화폐들이 등장하면서 돈은 완전히 추상화 되었습니다.[69] 좀처럼 현금을 볼 수 없는 것도 같은 이치입니다. 이제 우리는 카드나 휴대폰 속 QR코드로 결제를 합니다. 실재하는 돈을 보기가 점차 힘들어진 것이죠.

이제 돈은, 돈이 추상화되어 간다는 개념을 제대로 이해하지 못하는 사람에게서 이 개념을 잘 이해하는 사람에게로 이동합니다.

둘째, 돈은 사람의 마음을 비추는 돋보기입니다. 마음속에 돈을 어떻게 생각하고 있느냐에 따라 인생에 영향을 주죠. 돈에 대해 많은 통찰력을 제공하는 게오르그 짐멜은 돈은 단순한 매개물의 성격을 넘어 독립적인 대상으로 과대평가 된다고 했습니다. 즉, 돈이 본래 가진 성격인 수단에서 목적, 혹은 절대적 가치로 고양될 수 있다고 경고합니다.[70]

우리는 돈의 성질을 제대로 이해해서 본래의 목적인 수단으로써 다루어야 합니다. 현대인들은 '돈'을 많으면 많을수록 좋다고 생각하는 '목적' 그 자체로 여기는 경향이 있습니다. 우리가 가지고 있는 마음에 따라 돈을 사용하는 것이 다르고, 그 사용법에 따라 우리의 인생이 결정되죠. 마음에 결핍이 있는 사람은 돈으로 그 빈 곳을 채우려다 돈에 지배당합니다. 이들은 돈을 목적으로 여깁니다. 그래서 돈으로 사치를 부리거나 타인에게 인색해지는 구두쇠가 될 수 있습니다. 반대로 풍요로운 마음을 가진 사람은 돈을 수단으로 여깁니다. 부를 통해 인생의 자유와 행복, 그리고 공동체에 기여하는 방식을 선택합니다. 먼저 행복해지고 나중에 부를 쌓아야 하는 이유가 여기에 있습니다.

셋째, 돈은 옳고 그름을 따지지 않고 단지 그것을 간절하게 원하는 쪽으로 흐릅니다. 그래서 객관적으로 보았을 때 충분히 똑똑하고 정직하고 좋은 사람이지만 가난하게 사는 경우가 있고, 반대로 부도덕하고 나쁜 사람인데도 부자가 되는 것을 볼 수 있습니다. 부조리하게 느껴질 수 있지만 이것이 돈이 가진 중요한 속성입니다. 그리고 돈은 여러 사람에게 골고루 분배되는 것이 아니라 소수에게 몰리는 속성을 가지고 있습니다. 그래서 선한 사람이더라도 돈을 간절히 원하지 않으면 돈은 그쪽으로 흐르지 않습니다. 그래서 우리에게 필요한 것은 행복하고 선한 마음으로 돈을 간절히 원하고 이를 위해 실제 행동으로 나서는 것입니다.

돈에는 그릇이 있습니다. 이는 우리가 돈을 어떻게 얼마나 잘 다룰 수 있는지를 판가름하는 마음의 크기입니다. 많은 노력과 경험이 쌓이면 돈의 그릇은 조금씩 커지게 됩니다. 그래서 이 그릇이 작은 사람은 아주 운이 좋아 큰돈을 벌게 되더라도 이 돈을 유지하지 못합니다. 복권에 당첨된 사람이 부를 유지하지 못하고 파산하거나 당첨 이전보다 더 불행한 삶을 사는 이유가 바로 여기에 있습니다. 반대로 돈의 그릇이 큰 사람은 운이 좋지 않아 돈을 잃어버리게 되어도 다시 큰돈을 벌어 재기하는 모습을 볼 수 있습니다. 또한 미국의 재테크 분야 베스트셀러 작가 톰 콜리와 같은 사람은 일정한 온도를 유지해 주는 자동온도조절장치처럼 사람들 각각의 마음에 재정조절장치가 있어 자신의 설정값에 따라 돈의 크기가 결국 조정된다고 합니다.[71]

이처럼 진정한 부자가 되기 위해서는 돈 그 자체보다 더 큰 돈을 다룰 수 있는 내면의 돈 그릇을 늘리는 것이 훨씬 중요합니다. 우리는 돈의 교양을 쌓아야 합니다. 돈에 대해 오해하지 않고 깊이 있게 성찰하고 성숙하게 다루는 것은 해피리치로 살기 위한 중요한 지혜입니다. 결국 돈은 행복한 삶을 살 수 있는 좋은 '도구'이자 동반자이기 때문입니다.

생각을 키우는 씨앗 질문

이 밖에도 나만 알고 있는 '돈의 속성'이 있는지 생각해 보세요.
엉뚱해도 괜찮습니다. 돈을 점차 알아갈수록 우리는 돈에 친근해지고 가까워질 수 있으니까요. 부자가 되려면 돈을 친구처럼 다뤄야 합니다.

금수저의 행복은 영원할 것이다

"내 아이에게 처음부터 재산을 남겨줌으로써 보잘것없는
인생을 살게 하고 싶지는 않았습니다. 배움을 위한 재산 외에는
아무것도 남기지 않을 작정입니다. 나는 자신의 인생을 개척해 가는
즐거움을 빼앗을 정도로 세상 물정을 모르지 않습니다."

~ 『부자가 되려면 부자에게 점심을 사라』 중에서 ~

우리는 금수저로 태어난 사람들에게 복합적인 감정을 갖습니다. 태어남과 동시에 자동적으로 세팅되는 풍요로움을 부러워하면서, 별다른 노력 없이 공짜로 주어지는 편안한 인생에 분노합니다. 하지만 부에 관련된 연구들을 살펴보면 우리는 그들을 그렇게 부러워하거나 미워할 필요가 없다는 것을 알 수 있습니다. 그들도 그렇게 행복하지만은 않으니까요. 나름의 어려움이 있기 때문이죠. 어려움이라고 하니 흙수저만 하겠냐고 반발하겠지만 일단 끝까지 그들의 노고를 들어봅시다.

실제로 관련 사례와 연구들을 보면 금수저로 태어난다는 것은 만족감과 행복감 등의 감정을 느끼기에 매우 불리한 환경입니다.

태어날 때부터 풍요로운 환경에서 생활한다는 것은 장점도 있지만, 어떤 측면에서는 부모 세대 이상의 성취를 요구받으며 성장하기 때문에 부담을 느끼게 되죠. 또한 그들은 '돈'에 대한 어려움이 대부분 해소된 환경에서 자라기 때문에 부를 쌓는 과정에서 느낄 수 있는 결핍의 충족이나 성취감 등의 감정을 느끼기 어렵습니다. 그래서 종종 금수저들이 안타깝게도 권태를 느끼고 자극적인 대상을 탐닉하기도 하죠.

영화 〈버닝〉에서는 금수저 출신의 사람들이 느끼는 삶의 권태를 잘 묘사한 인물이 등장합니다. 극 중 상당한 자산가의 상속자로 그려지는 '벤'이라는 인물입니다. 벤은 인생을 살면서 단 한 번도 울어본 적이 없을 정도로 삶의 어려움 혹은 공감 능력을 상실한 사람으로 나옵니다. 벤이 하는 이상 행동이 하나 있는데 그것은 상황에 맞지 않게 '하품'을 반복적으로 하는 것입니다. 그는 상대방이 진지하게 이야기를 하고 있을 때도 지루한 표정을 짓고 몰래 하품을 합니다. 그가 인생에서 추구하는 유일한 가치는 '재미'입니다. 그는 대부분의 시간을 재미를 찾기 위해 보냅니다. 그래서 재미를 위해 평범한 환경의 여자 친구를 사귀어 보기도 하지만 여전히 지루함을 못 이겨 하품을 합니다. 그런 그가 인생에서 딱 하나 희열을 느끼는 순간이 있습니다. 바로 마약의 일종인 대마초를 피우거나 들판에 버려진 비닐하우스를 태우는 등의 범죄 행위를 할 때입니다. '벤'은 다소 과장되긴 하지만 심리학에서 지적하는 '영 앤 리치의 심리상태'를 잘 보여주는 캐릭터입니다. 이처럼 금수저의 삶도 꾸준한 자기 절제의 노력이 없으면 소유 지향적 삶 속에 갇히게 되고 지루함이라는 또 다른 고통을 받을 수 있습니다.

실패에 취약한 금수저들의 인생

긍정심리학자 탈 벤 샤하르는 유복한 가정에서 자란 아이들이 통계학적으로 약물 남용, 우울증, 불안증의 문제를 겪을 확률이 높다고 말합니다. 이 아이들은 부모와 교사들이 지나치게 삶에 개입하기 때문에 부담감과 외로움을 보통 아이들에 비해 강하게 느낍니다. 또한 이들은 대부분 사립학교나 좋은 학군의 학교에 입학하는데 이들의 목표는 주로 선행 학습으로 모범생이 되어 명문 대학에 입학하고 사회 엘리트가 되는 것입니다.[72]

WPI심리상담코칭센터의 대표 황상민 박사는 한국 사회의 경우 금수저 출신의 자녀들이 철부지 성향을 갖는 경우가 많다고 주장합니다. 철없는 부자의 심리 코드를 가진 자녀들은 부모가 만든 부를 통해 '타인의 인정'을 받으려 합니다. 특히 한때 인기를 끌었던 부잣집 철없는 자녀들의 모습이 바로 이런 심리를 바탕으로 하고 있습니다.[73] 어쩌면 자녀들에게 유산을 남기려고 마음먹는 것은 자녀를 망칠 수 있는 큰 위험이 될 수 있습니다.

많은 돈을 상속받는다는 것은 일시적으로 부유한 상태일 뿐이지, 오랫동안 부를 유지하거나 키워나가는 데 오히려 걸림돌이 될 수도 있습니다.

이런 삶의 문제는 그들이 과정보다는 결과를 중요시하는 분위기에서 자랐기 때문입니다. 금수저들의 부모들은 아이들에게 좋은 환경을 조성해 주고 삶에 개입하는 것이 최선을 다하는 것이라고 착각하죠. 그리고 이것이 문제를 키웁니다. 심리학자 탈 벤 샤하르는 부유한 가정의 아이들이 위기감과 부담감을 가지고 성장하며, 완벽을 추구하는 성향이 있다고 지적합니다. 이런 성향으로 인해 아이들이 실패에 취약하고 행복보다는 압박감을 더 잘 느끼는 삶을 살 수 있다는 것입니다.

이와 같은 사례들을 볼 때 물질적으로 풍족한 환경에서 성장하는 사람들을 우리가 꼭 부러운 시선으로 바라볼 필요는 없는 것 같습니다. 인간의 삶은 간단치 않습니다. 금수저로 태어나면 많은 것이 해결될 것으로 보이지만, 그들의 삶을 들여다보면 나름의 고충이 있습니다. 그러니 금수저들을 부러워할 필요도 비난할 필요도 없습니다.

기반 없이 '부'를 이룬 이웃집 백만장자

미국의 램지솔루션스라는 재정 관리 전문 컨설팅 업체에서는 미국 전역에서 거주하는 백만장자 1만여 명을 대상으로 설문 조사를 한 뒤 그들의 특징을 살펴봤습니다. 보고서에는 백만장자는 타고난다는 생각이 일반적이지만, 실제로는 만들어지는 것이라는 점이 확인됐습니다.

조사에 따르면 백만장자의 79%가 물려받은 것이 전혀 없는 '1세대' 백만장자들이었습니다. 또한 미국의 1,000여 명 이상의 백만장자들을 20년간 인터뷰하고 조사한 토머스 스탠리는 부자들 중에서는 상당수가 부모에게 물려받은 유산 없이 부를 축적했다고 말합니다. 그래서 이들을 '이웃집 백만장자The millionaire next door'라고 부르죠. 그리고 그들은 부모의 '부'가 자녀들이 부자가 되는 것과 큰 연관성이 없다고 말하며 자신들의 부를 자녀들에게 되도록 알리지 않았습니다.[74]

일본의 머니 트레이더 혼다 켄도 토머스 스탠리의 영향을 받아 일본의 부자들을 비슷한 방식으로 인터뷰하고 조사했습니다. 역시 마찬가지로 상당수의 부자는 상속 없이 부자가 되었고, 상속이 자신들의 부와 큰 상관성이 없다고 말했습니다.[75]

독일의 부富 전문가 라이너 지텔만은 아태 지역의 자수성가한 억만장자 중 78%는 '자수성가 했다'는 통계를 제시하며 생각보다 평범한 사람이 부자가 되는 사례가 많다고 주장합니다. 이는 과거에 비해 부를 유지하거나 키우는 일이 만만치 않아졌기 때문이기도 합니다. 그래서 그는 부자를 만드는 핵심적인 능력은 부모의 재산이 아닌, '영업력', '사업가적 마인드', '자기효능' 등의 능력으로 보았습니다.[76]

진정으로 부를 이해한 사람들은 부를 만드는 것은 외부의 좋은 환경이 아니라고 알고 있습니다. 자녀들에게 돈에 대한 올바른 태도와 험난한 세상을 스스로 헤쳐나갈 수 있는 지혜를 알려주는 것이 훨씬 중요하죠. 그래야 스스로 원하는 것을 이루어내고 진정한 풍요로움을 얻을 수 있기 때문입니다.

우리 인생을 진정으로 풍요롭게 만드는 것은 단순히 거대한 재산이 아닙니다. 부자가 되기 위한 결정적인 요인들은 우리의 사고방식과 그에 따른 행동입니다. 그럼에도 상속받은 부가 없다고 한탄하거나 상속받은 부에 의지해 살아가는 것은 진정한 부자가 되는 것과는 완전히 반대의 삶을 사는 것입니다. 우리는 스스로 언제든지 부를 쌓을 수 있는 습관과 지혜, 그리고 무엇보다 올바른 생각과 태도를 갖추어야 합니다.

유대인의 자장가, '싸게 사서 비싸게 팔자'

세상에서 가장 부를 잘 이해하는 민족이라 불리는 유대인들에게는 돈을 버는 방법 외에, '돈의 가치'와 '돈이 주는 행복'을 가정에서 가르치는 오랜 전통이 있습니다.[77] 유대인들은 오랜 고난의 역사 속에서 돈이 개인과 가정 그리고 민족을 지켜주는 중요한 울타리라는 것을 깨달았습니다. 그리고 돈을 제대로 다루는 것을 대대로 가르쳐 자신들을 보호해 왔습니다.

유대인들의 '부의 철학'은 확고합니다. 아주 어린 시절부터 돈과 직접 관계하고, 그에 대해 토론하고, 다루는 것을 배웁니다. 다소 당혹스러울 정도로 이른 나이인 생후 6개월부터 '돈'에 대해 가르치기 시작합니다.

유대인의 경제교육은 이렇습니다. 부모는 아기가 이제 겨우 손가락을 쥐락펴락할 시기에 저금통인 체타카Tzedakah에 동전을 넣는 훈련을 시킵니다. 또한 아이를 재우거나 달랠 때 '싸게 사서 비싸게 팔자Buy low, Sell high'라는 말을 읊조리면서 어릅니다. 아이는 무슨 의미인지도 모르지만 무의식중에 이 문장을 자장가처럼 듣다가 외우게 됩니다. 숫자를 아는 나이가 되면 실제 시장에 가서 거래를 가르치기도 하고, 아이와 대화할 때 속담을 통해 돈에 관한 지혜를 가르치기도 합니다. 무엇보다 잘 알려진 것처럼 열세 살이 되어 성인이 된 날을 기념하는 '바 미츠바Bar Mitzvah'라는 성인식에서는 가족과 친지 그리고 지인들로부터 받은 '종잣돈'을 스무 살이 될 때까지 투자를 통해서 키워줍니다. 그리고 스무 살이 되면 아이에게 돌려주어 스스로 경제적 독립을 하도록 합니다.[78] 이런 교육을 통해 아이들은 돈에 대한 편견을 갖지 않고 성장합니다. 그리고 돈이라는 것은 스스로 저축하고 불려 나가는 것이라는 것을 제대로 이해합니다. 유대인 아이들은 그래서 다른 문화의 아이들에 비해 돈에 대한 높은 이해를 가지고 세상에 진출합니다. 즉, 올바른 부의 상식을 통해 스스로 부를 쌓아나갈 수 있도록 힘을 기르는 것이죠.

이처럼 유대인들은 세계에서 돈에 대한 지식과 상식이 가장 풍부한 민족입니다. 그리고 이는 자본주의에 있어 어쩌면 가장 강력한 힘이 될 수도 있습니다. 현재 전 세계 최고의 부자들 중에 많은 이가 유대인인 것은 어찌 보면 당연한 결과입니다.

유산보다 중요한 '부의 철학'

유대인의 사례처럼 진정한 부자는 당장의 물질적인 자산이나 돈보다 이를 다루는 마음의 크기나 사고방식을 강조합니다. 그래서 '성공학' 혹은 '부자학'이라고 불리는 부의 공식을 다루는 책과 강의 등에서 부의 대가들은 반복적으로 사고방식의 전환을 이야기하죠. 즉, 진정한 부자처럼 생각하고 행동해야 부자가 될 수 있고, 이를 오랫동안 유지할 수 있습니다. 이 사고방식을 다른 말로는 '부의 철학'이라고 합니다. 주식 투자전문가인 마이클 모부신은 투자의 성공에 있어 가장 중요한 것은 '단단한 철학'이라고 말합니다. 견고하고 올바른 투자 철학을 가져야만 중요한 순간에 좋은 결정을 내릴 수 있고, 이 결정이 '부'를 창출하기 때문이라며 이렇게 덧붙입니다.

> "당신이 탄탄한 철학적 토대를 구축했다면, 나머지는
> 배움과 노력, 집중력과 인내, 그리고 경험밖에 없다."

철학이라는 것은 당장의 돈을 벌어다 주는 직접적인 해결책은 아닙니다. 특히 '돈'의 문제는 매우 실전적인 측면이 있어 더욱 그렇게 보일 수 있습니다. 하지만 많은 부의 대가가 강조하는 것처럼 단단한 부의 철학이 없으면 우리는 돈의 위력에 휩쓸리고 빨려들 수 있습니다.

큰 부를 담기 위해서는 부의 그릇을 키워야 하는데 이 그릇을 결정짓는 것이 바로 '단단한 철학'입니다. 그래서 우리는 부자처럼 생각하는 법, 즉 철학을 배우고 자신에게 적합한 이론을 스스로 고민해서 정리할 필요가 있습니다. 그리고 그 철학에 갇히는 것이 아니

라 지속적으로 학습하고 경험을 쌓으면서 발전시켜 나가야 합니다.

우리가 부의 공식을 기반으로 부의 철학을 만들어야 하는 이유는 철학을 토대로 생각하고 행동하기 때문입니다. 부의 철학을 만드는 과정에서 돈의 속성을 이해하고 돈과의 관계, 그리고 다른 중요한 가치들을 고민하게 됩니다. 그리고 부자 되기의 과정에서 뿌리가 되는 철학은 급변하는 상황에서 중요한 의사결정을 내리는 데 원칙이 되어주고, 근거 있는 실패를 하고 다음번의 동일한 실패를 막아줍니다.

무엇보다 나의 상황과 기질, 그리고 재능이 고려된 나만의 부의 철학을 정립해야 합니다. 그래야 흔들림 없는 의사결정을 할 수 있고 결과의 여부에 상관없이 일관성을 유지할 수 있습니다. 지금 자신이 처한 상황과 성향, 그리고 재능을 잘 파악해 그에 맞게 최적화해야 하는 것이죠. 많은 이가 부의 공식이 있음에도 불구하고 실패하는 이유는 바로 철학 없이 부의 공식만 따라 하려다 포기하기 때문입니다.

나만의 부의 철학은 한 번에 형성할 수는 없지만 스스로 질문을 던지고 그에 대한 대답을 찾는 과정에서 만들어집니다. 우리는 앞으로 돈에 대한 고정관념이나 선입관을 버리고 어떻게 인생을 살고 싶은지, 자신에게 있어 행복과 풍요로움은 어떤 것인지를 생각하며 그것을 실현하는 방식으로 부의 철학을 만들어가야 합니다.

생각을 키우는 씨앗 질문

'부유함'이나 '돈'에 대한 나만의 철학이 있나요? 거창할 필요는 없습니다. 어차피 내 인생을 위한 철학이고 나의 미래를 향한 지침이니 나에게만 맞으면 됩니다. 현재 없다면 하나 만들어 보는 것도 나쁘지 않습니다.

부자가 되려면 영리해야 한다

"행동하기 위해선 너무 현실적이어서는 안 된다."

~ 『물레를 돌려보지만 잊을 수가 없습니다』의 저자, 수디르 카카르 ~

LTCMLong-Term-Capital-Management은 존 메리웨더John Meriwether
가 1994년에 조직한 투자회사입니다. 존 메리웨더는 당시 월스트
리트 최고의 트레이더로 촉망받던 사람이었습니다. 어려서부터
머리 좋기로 소문난 그는 자신만큼 우수한 경제학 교수 및 최고 경
제학 박사들과 함께 헤지펀드를 운영하게 됩니다. 손꼽히는 학자
들이 의기투합해서 만든 회사니 미래가 창창했습니다. 예상대로
LTCM은 1996년까지 엄청난 수익을 올립니다. 심지어 우리에겐
IMF 시기로 기억되는 아시아 외환위기 속에서도 경이적인 수익을
올려 세상을 깜짝 놀라게 만들었죠. 그리고 LTCM의 두 경제학자
는 노벨 경제학상을 수상하기에 이릅니다. 하지만 바로 다음 해인

1998년, 갑자기 LTCM의 수익률에 이상한 징후가 감지됩니다. 매년 50% 가까운 수익을 내던 그들이 손실을 입기 시작했습니다. 그리고 러시아가 모라토리움(채무 불이행)을 선언하자 LTCM은 순식간에 약 46억 달러의 손실을 입고 결국 파산에 이르게 됩니다.

왜 이런 비극이 발생했을까요? 세계 최고의 금융·경제 전문가들은 왜 이런 어처구니없는 실패를 했을까요? 바로 그 이유는 그들이 '너무 똑똑했기 때문'이었습니다. 그들은 자신들의 금융 모델이 미래를 정확하게 예측할 수 있다고 믿었습니다. 이 금융 모델은 논리적이고 과거의 수많은 데이터를 토대로 설계되어 미래를 정확하게 예측할 수 있었습니다. 실제로 약 6년간 놀랄 정도로 잘 들어맞았습니다. 하지만 이 성공은 그들을 더욱 오만하게 만들었고, 자신들의 '금융 모델'에 대한 과신을 낳게 합니다. 그 결과 그들은 가장 단순한 진리를 망각하게 됩니다. 바로 이런 진리입니다.

"사람들이 항상 합리적이진 않다."

지구상에서 가장 지능이 높고 금융에 대해 잘 알고 있다고 평가받던 사람들이 이처럼 생각지도 못한 파산을 맞게 된 것은 충격적인 일이었습니다. 아무리 똑똑하고 날고 기는 능력에 높은 지식을 가져도 어딘가 허술함은 있나 봅니다.

예측 불가능한 사회에서 확신을 갖는 저력

'릭 게린'이라는 남자가 있습니다. 아마 처음 듣는 이름일 겁니다. 그는 현재 역사상 가장 성공한 주식 투자자인 워런 버핏과 찰리 멍거와 함께 투자를 시작했습니다. 그들은 공동으로 투자를 하고 사업을 키워왔습니다. 하지만 사람들은 워런 버핏과 찰리 멍거 정도만 기억하지 '릭 게린'이라는 이름을 전혀 알지 못합니다. 그 이유에 대해 워런 버핏이 이렇게 밝힙니다.

> "찰리와 저는 늘 우리가 믿기지 않을 만큼의 부자가 될 거라는 것을 알았습니다. 우리는 부자가 되려고 서두르지 않았어요.
> 결국 그렇게 될 거라는 걸 알았으니까요. 게린 역시 우리 못지않게 똑똑했지만 그는 서둘렀습니다."[79]

이 사례는 우리가 부를 이루는 데 있어 필요한 어떤 능력을 잘 보여줍니다. 우리는 모르는 것을 매우 두려워합니다. 내일 혹은 다음 주에 어떤 일이 일어날지 궁금해하는 것을 넘어 10년 뒤의 미래도 예상하고 싶어 합니다. 여기에 확실한 것을 추구하고 현실을 정확하게 파악하고자 합니다. 어쩌면 우리는 그래서 확실하게 나쁜 미래보다 불확실한 미래를 더욱 두려워하고 있을지도 모릅니다. 게

다가 현대사회는 외부적인 불확실성이 점차 확대되는 시대입니다. 그래서 현대사회를 '뷰카^{Vuca}'라고 부르기도 합니다. 뷰카는 '불확실성이 높아지고 예측 불가능해진다'는 뜻을 가지고 있습니다.

많은 사람이 최근 뷰카 혹은 유동 사회로 불리는 예측 불가능한 미래에 대해 불안을 호소합니다. 현대인은 이렇게 통제하기 어려운 미래와 세상의 움직임에 무기력을 느낍니다. 미래를 위해 열심히 산다는 것이 의미 없어 보이기 때문이죠. 게다가 부자가 되는 데 있어서는 '그저 열심히'라는 우리의 본성이 그리 긍정적으로 보이진 않습니다.

내일과 다음 주의 일을 정확하게 예측하고 그에 대비해 오늘을 열심히 살아가는 건 사실상 어려운 일입니다. 그래서 현대인이 가장 많이 느끼는 감정이 '불안'입니다. 그런데 이럴 때일수록 자기 확신이 가장 필요하다는 사람이 있습니다. 바로 과학 저널리스트 울리히 슈나벨입니다. 그는 우리가 확신을 갖는 것이 중요한 이유를 뇌 과학, 심리학, 철학을 근거로 이야기합니다.

흔들리지 않는 편안함, '부를 향한 믿음'

울리히 슈나벨은 뷰카 시대를 살아가는 방법을 '이너게임'에 집중하는 것이라고 말합니다. '이너게임'은 매일 아침 최선을 다하겠다고 결심하고 실수나 실패를 통해서는 배움을 얻겠다는 자세입니다. 그에 따르면 이런 삶의 자세는 이미 성공한 것이나 마찬가지입니다. 결과는 좋을 수도 나쁠 수도 있습니다. 그러나 과정에서 스스로 알게 됩니다. 외부의 평가와는 상관없이 후회 없는 하루의 연속인 삶을 살았기 때문입니다. 이것이 예측 불가능한 사회에서 우리가 승리할 수 있는 유일한 삶의 지혜입니다.

전설적인 투자자 앙드레 코스톨라니도 인간이 예측 불가능한 세계 속에 살지만 부자가 될 수 있는 이유를 자본주의 시스템에 대한 흔들리지 않는 '믿음' 때문이라고 말합니다. 그는 주식시장에서 기업가치의 변화를 지그재그로 표현합니다. 한 기업이 성장하는 데는 실제로 경영상의 부침이 존재합니다. 그래서 단기적으로는 아무도 예측할 수 없다는 것이 투자 거장들의 공통적인 견해죠. 하지만 그들은 경영상의 부침에 크게 좌우되지 않았습니다. 흔들리지 않는 믿음이 있기에 장기적인 안목으로 그 회사의 가치에 투자합니다. 자본주의라는 전쟁에서 한 기업이나 개인은 작은 전투에서 패배할 수 있습니다. 여기서 중요한 것은 더 큰 부의 전쟁에서는 이길 수 있어야 하는 것이죠. 그 사실을 확실히 믿고 흔들리지 않으면 누구나 부자가 될 수 있습니다.

부자들은 논리적, 과학적으로 설명할 순 없지만 원하는 것을 무의식 속에 잠식한 뒤 이룬 것처럼 믿고, 지속적으로 잠재의식에 프로그래밍하여 부를 이루어 갑니다. 점점 복잡해지는 시대에 변동성은 더욱 커질 수밖에 없습니다. 따라서 부자로 산다는 것은 어쩌면 이렇게 불안하고 자기 통제권을 상실하게 만드는 외부 환경의 변동성 속에서 자기만의 확신을 가지고 사는 것입니다.

진인사대천명, 결국 기다리면 이루어진다

우리는 기본적으로 불확실한 상태를 상당히 견디기 힘들어합니다. 무언가 확실한 것을 추구해야 하고 그래야 안정적인 인생을 영위할 수 있기 때문이죠. 그러니 나의 미래는 확실해야 한다는 강박마저 느낍니다. 특히 우리 사회는 서구사회보다 이런 경향이 더 큽니다. 우리는 청소년기부터 정답을 찾는 것을 배우면서 성장해 왔죠. 그래서 많은 아이가 모호한 상황이나 정답이 없는 서술형의 문제를 다루는 것을 힘들어합니다. 성인이 되면 이런 경향은 더욱 강화됩니다. 하지만 앞서 설명한 것처럼 부의 세계에서는 불확실성 속에서 자신만의 확신을 가지는 사람이 승리합니다.

헤이르트 홉스테드라는 문화 연구가는 전 세계 국가들의 다양한 문화를 네 가지 차원으로 나누어 비교 연구했습니다. 이를 '문화 차원 이론Cultural dimensions theory'이라고 부르는데 그중에서 한 사회의 구성원들이 얼마나 불확실성을 감당하는가에 따라 사회의 안정성과 개인들의 행복도가 달라질 수 있다고 보았습니다.

그에 따르면 일본, 한국과 같은 동양권 사회는 '불확실성의 회피Uncertainty Avoidance Index'를 대표적인 문화적 특성으로 봅니다. 불확실성 회피지수가 높은 국가에 사는 사람들은 불확실한 대상에 두려움을 느끼기 때문에 비교적 엄격한 행동규칙을 세웁니다. 그리고 특이한 것을 두려워하고, 정상이라고 생각하는 범주에서 벗어난 생각이나 행동을 위험하다고 여깁니다. 반대로 불확실성이 낮은 국가의 사람들은 완고한 제도나 법률을 싫어하고 융통성이 있고 기업가정신이 풍부합니다.[80]

안타깝게도 부는 불확실성을 싫어하거나 피하지 않고 이 속성을 이해하고 용기 있게 행동하는 사람에게 흐릅니다. 실제 큰 부를 이룬 사람들의 사례나 이야기를 들어봐도 불확실성을 보통 사람과는 다르게 생각하는 것 같습니다.

불확실성을 수용하는 사람은 전쟁이 터져도, 금융위기가 발생해도, 전염병이 창궐해도 큰 변화 없이 일상생활을 유지합니다. 오히려 기꺼이 이런 변동성을 감지하고 미리 준비해서 기회로 삼습니다. 경제사를 살펴보면 역설적이게도 이런 위기상황에 초월적인 부자들이 탄생했습니다. IMF 외환위기, 글로벌 금융위기 등에서 많은 사람이 경제적 어려움을 겪었지만, 이 시기에 큰 부자들이 상당수 등장한 것이 사실입니다.

사업을 하는 것, 기업에 투자하는 것, 부동산에 투자하는 것은 어느 정도 불확실성을 수반합니다. 물론 안정성의 차이는 있겠지만 부를 일군 사람들은 불확실성을 '부'를 이루어 가기 위해 반드시 수반하는 요소로 생각하죠. 그래서『돈의 심리학』의 저자 모건 하우절은 '변동성'은 어쩌면 부의 세계에 입장하는 일종의 참가비용 같은 것이라고 표현하기도 합니다. '부'의 대가들은 오히려 이 변동성을 이용해 더 큰 부를 이루기 때문이죠. 변화를 두려워하는 것이 아니라 즐기고 이용합니다. 그래서 어쩌면 '잃지 않는 것', '변동성이 적은 것'은 '부'의 속성에서는 모순되는 표현일 수 있습니다. 이런 불확실성을 수용하는 삶의 태도는 '진인사대천명'의 지혜라고도 할 수 있습니다. 예측 불가한 상황에서 지속적으로 평온함과 행복감을 느끼기 위해서는 결과보단 과정을 중시해야 하며, 하루하루 최선을 다하는 태도가 불안함을 제거하고 편안함을 느끼게 해줍니다. 결과는 내 몫이 아니기 때문에 전전긍긍해 봐야 소용이 없습니다. 그러니 당장 할 수 있는 것에 집중하는 태도가 더 큰 결과를 가져다주기도 합니다.

　이런 삶의 태도를 통해 우리는 외부 상황을 내부적으로 통제하고 있다는 느낌을 받을 수 있습니다. 외부의 수많은 소음이 나를 혼란스럽게 하더라도 내면의 충만함으로 이겨낼 수 있는 겁니다. 따라서 변동성 혹은 그로 인해 찾아오는 운이 나쁜 상황이나 역경들을 새로운 프레임으로 바라볼 필요가 있습니다.

생각을 키우는 씨 앗 질 문

변화를 두려워하면 앞으로 나아가지 못합니다. 현재 내가 가지고 있는 돈에 관련된 습관이나 경제 관념, 부에 대한 인식 중에 변화되어야 할 것이 무엇인지 생각해 봅시다.

부는 시간 순으로 쌓인다

> "열심히 일하고 재능도 좀 있는 사람들은 세상에 넘쳐나죠.
> 성공하려면 우연히 찾아오는 기회, 세렌디피티를 잡아야 합니다."
>
> ~ 미국 제44대 대통령, 버락 오바마 ~

우리가 진입하고자 하는 부의 세계는 우리의 통념과는 다른 논리로 작동됩니다. 즉, 부의 세계는 미스터리합니다. 이것이 부의 세계에 실제 진입하는 사람이 매우 소수인 이유이기도 하죠. 하지만 부의 속성을 이해하고 그에 맞게 대응하면 많은 기회를 주기도 합니다. 다만 인식의 틀을 깨고 이를 적용하는 것이 매우 불편하고 어려울 뿐입니다. 그래서 우리는 통찰력 넘치는 좋은 책과 강의 등을 통해 이를 우리 내면에 조금씩 흡수하도록 노력해야 합니다.

니콜라스 나심 탈레브는 부의 미스터리함을 잘 설명해 줍니다. 그에 따르면 세계는 두 가지 종류가 있습니다. 바로 '평범의 왕국 Mediocristan'과 '극단의 왕국 Extremistan'입니다.

'평범의 왕국'은 보통의 사람들이 살고 있는 세상입니다. 과거의 경험에 의존한 판단으로 세상의 법칙을 만들고 일반적인 정규분포 곡선에 따라 예측 가능한 세상입니다. 이 세상은 안정적이고 위험을 예측할 수 있지만 확장성이 없는 영역입니다. 나심 탈레브는 '평범의 왕국'이 다소 안정적으로 보이지만 이는 추수감사절 날 식탁에 자신의 몸이 올라간다는 사실도 모른 채 하루하루 행복하게 살아가는 칠면조의 삶과 같다고 했습니다. 이미 현대사회는 극단의 왕국으로 전환되고 있는데 평범의 왕국에서 무사태평하게 살아가는 것이죠. 그래서 이런 왕국의 사람들은 2008년 금융위기와 같은 예측 불가능한 사건을 겪으면 혼돈의 상태가 됩니다.

반면 '극단의 왕국'은 예측 불가의 영역입니다. 이 세계는 희귀하고 비일상적인 사건이 검은 백조처럼 느닷없이 발생함으로써 전체를 바꿔버리는 곳입니다. 극단의 왕국은 개별 사건을 통해 설명할 수 없는 '복잡계'의 영역으로 통계학적 예측이 통하지 않습니다. 이 세계의 원리를 이해하는 사람은 크고 작은 블랙스완을 자신의 울타리 안에서 키우며 살아가야 하죠. 하지만 오히려 이 세계는 아이러니하게도 '평범의 왕국'보다 안전할 수 있습니다. 스스로 자신의 위험성을 항상 인지하고 살아가기 때문입니다. 그래서 나심 탈레브는 극단의 왕국에서는 예측하겠다고 노력하기보다 그 미지의 가능성에 고분고분 순응하는 편이 현명하다고 말합니다.

이 왕국의 사람들이 키우는 블랙스완이 늘 불길한 기운을 주는 건 아닙니다. 긍정적인 블랙스완도 존재하죠. 부정적인 블랙스완은 일반 블랙스완에 비해 순식간에 나타나기 때문에 늘 부정적인 것에 더 큰 비중이 맞춰지곤 합니다. 그래서 부의 궤도에 오르기 위해서는 긍정적인 블랙스완에 자신을 최대한 노출시키는 것이 필요합니다.[81]

이와 같은 원리로 '부'의 본질적인 속성은 극단의 세계를 이해하는 것이기 때문에 다소 미스터리하다고 말할 수 있습니다. 부를 이루는 사람들은 이런 미스터리함을 두려워하기보다는 극단의 영역의 특성을 수용하고 이를 이용합니다.

가을이 지나면 겨울이 오듯, 부의 흐름도 그렇게 흐른다

세계적인 투자자 리처드 번스타인은 투자세계를 일기예보에 빗대어 이렇게 설명합니다.

"우리는 내일 혹은 다음 주 날씨를 예측할 수 없다.

하지만 봄이 오면 여름이 오고 가을이 오고, 겨울이 오는 것은 알 수 있다. 투자는 그런 것이다."

기업의 주가 흐름에 늘 촉각을 곤두세워야 하는 주식 투자계에서는 단기 예측을 '신의 영역'이라고 부릅니다. 그래서 겨울에도 빠르게 봄과 여름이 오길 바라고, 봄과 여름에는 가을과 겨울이 올 수 있다는 것을 간과하고 살아갑니다.

부의 흐름도 비슷합니다. 가을이 접어들었을 때는 겨울이 올 것을 예측하고 미리 조심하고 식량을 준비합니다. 그렇게 길고 긴 겨울을 견뎌내면 어느덧 봄이 옵니다. 그리고 눈 깜짝할 사이에 여름이 찾아오죠. 하지만 최근 지구의 날씨는 변화무쌍합니다. 봄과 가을이 사라지고 여름과 겨울만 남은 것 같습니다.

신기하게도 부의 사이클도 점점 이렇게 극단적으로 변하고 있습니다. 최근 자산시장이 그렇습니다. 폭락하다 폭등하는 속성을 가지고 있죠. 사람들은 폭등할 때는 당장이라도 부자가 될 것 같아 흥분하다가도 폭락에는 마치 세계가 끝날 것처럼 비관적입니다. 하지만 이 거대한 흐름을 이해하는 지혜를 가진 사람들은 이 흐름을 역이용해 순리대로 부를 쌓아 갑니다.

또 다른 세계적인 투자가 하워드 막스는 이를 '사이클'로 설명합니다. 우리를 둘러싼 환경에서 어떤 패턴이나 사건은 규칙적으로 반복됩니다. 우리는 반복되는 패턴을 인식하고 이해하는 능력을 키워 이익을 높이고 피해를 줄일 수 있습니다. 무엇보다 이 사이클은 인간의 심리 변화와 그에 따른 행동에서 비롯되며, 사건들은 시계나 달력처럼 규칙적이지는 않아도 일정한 패턴을 가지고 있습니다. 그래서 하워드 막스는 우리가 투자에서 수익을 얻을 기회는 오히려 사람들이 투자에 대해 뜨겁지 않고 냉랭할 때, 리스크가 과도하게 부각되어 사람들이 리스크에 대해 지나치게 걱정할 때라고 말합니다.[82] 그래서 사이클에 대한 통찰력이 있으면 리스크가 과도할 때 투자하고, 낙관이 과도하게 형성될 때 자금을 회수하고 방어력을 높여둡니다. 그리고 무엇보다 투자에 성공하기 위해서는 예측대로 정확하게 들어맞는 것을 찾기보다는 적당히 맞는 것을 목표로 합니다.

현대사회는 변화무쌍하기에 '복잡계'라고 부릅니다. 복잡계의 특징은 이렇습니다. 규칙은 매우 단순하지만, 시장에 참여한 다양한 주체들이 서로 영향을 주고받으니 민감도는 커집니다. 그래서 결과를 원리적으로 예측할 수 없습니다. 특히 돈의 형태가 신용카드와 가상화폐 등으로 추상화되는 시대에는 이런 경향이 더욱 커집니다.

부자가 되는 과정은 전진과 후퇴를 반복하는 지그재그의 흐름을 가지고 있으며 단순하지 않습니다. 복잡계의 원리를 따라 오르락 내리락하죠. 혹은 계단식의 과정입니다. 이 이치를 이해하고 그에 맞춰 살아온 것이 우리 인류 조상들의 지혜입니다.

많은 부의 고전들도 이 논리를 반복해서 설명합니다. 하지만 막상 겨울이 오면 너무 길게만 느껴지고 순리를 기다리지 못합니다. 아직 서늘한 기운이 남은 지붕에 제비집을 만들어 억지로 제비를 앉혀 놓습니다. 하지만 그런다고 봄이 찾아오지 않습니다. 부의 흐름대로 계단을 하나하나 오르는 상황을 견디지 못하는 사람들은 하루라도 빨리 작은 이익을 보기 위해 발을 동동 구르죠. 게다가 미디어는 하루가 멀다 하고 경기 상황을 자극적으로 보도합니다. 그리고 실제로 금융의 흐름도 점점 단기적인 예측을 하는 분위기로 바뀌고 있습니다. 어쩌면 그런 것이 우리의 본성이기도 할 것입니다. 하지만 부자가 되는 것은 지혜를 통해 의식적으로 우리 본성의 어리석음을 이겨내는 과정이기도 합니다. 부의 이러한 순리를 이해하고 어느 정도 여유를 가지고 인내하면서 부를 키워가야 합니다. 경제 호황기에는 조금씩 겨울에 해당하는 불황기를 준비하고, 경제 불황기에는 언젠가는 다시 봄이 올 것을 믿고 두려움을 극복합니다.

느닷없이 찾아오는 행운, 세렌디피티

우리의 통념을 깨는 부의 원리는 진정한 부자들 사이에 계속해서 전해져 왔습니다. 선뜻 논리적으로 이해하기 어려운 부의 속성을 알고 있는 사람들은 부자가 되고, 그렇지 못한 사람은 여전히 가난을 끌어안고 살아가야 합니다. 설사 어떤 우연한 계기 혹은 치열한 노력으로 부자가 된다고 하더라도 부의 원리와 속성을 모른다면 끝까지 그 부를 유지하기가 무척 어렵습니다.

그 속성 중에서 '행운'에 대한 관점이 특히 그렇습니다. 부를 이룬 사람들은 '행운'의 존재를 인정하고 이를 제대로 다루는 방법에 능숙합니다. 그들은 부의 궤도에 오르기 위해 행운이 반드시 필요하며, 이를 의식적으로 끌어올 수 있도록 노력합니다.

세상은 생각보다 공평하지 않습니다. 노력과 열정이 결과로 이어지기도 하지만 운이나 인맥과 같은 요인들이 좋은 결과를 낳기도 합니다. 이 행운의 원칙을 과학적으로 밝히려고 노력했던 사람이 있습니다. 런던 정경대학교 크리스티안 부슈 교수는 성공하려면 우연히 찾아오는 기회인 '세렌디피티Serendipity'를 잡아야 한다고 말합니다. '세렌디피티'라는 말은 '기대하지 않았던 선물'이라는 뜻입니다. 똑똑하고 재능 있는 사람이 많지만, 진정으로 성공하는 사

람이 소수인 이유는 바로 성공과 행운의 관계를 알고 이용하는 여부에 달려 있기 때문입니다.[83]

부슈에 따르면 최고의 기회는 예기치 못한 우연을 바로 능동적인 운인 세렌디피티로 바꿀 수 있는 역량에 달려 있습니다. 그래서 성공하는 사람들은 다양한 준비를 통해 뜻밖의 일이나 우연을 이해하고 이를 지렛대로 활용하기 위한 마음의 준비가 되어있습니다. 또 이를 위해 자신이 원하는 것이 무엇인지 정확하게 인지하고 있으며 이를 이루기 위해 적극적으로 행운이 들어오도록 설계하는 기술을 익히고 있죠.

신경학자 제임스 오스틴은 행운에는 네 가지 유형이 있다는 것을 발견했습니다. 그에 따르면 행운은 '얻어걸린 행운, 추진력과 행동으로 만들어지는 행운, 숨겨진 행운, 별난 행운'으로 나뉩니다. 추진력과 행동으로 만들어진 행운과 숨겨진 행운은 행동하고 실천함으로써 더 많이 얻을 수 있습니다. 별난 행운의 경우는 개인의 선천적인 기이함으로 인해 찾아오는 것이기 때문에 다소 참신하고 엉뚱한 도전을 할 때 만날 수 있는 행운입니다. 그리고 행운은 언제 어디서든 인생 속에서 거듭된다는 것을 믿고 받아들일 때 더 자주 나타난다고 강조합니다.[84]

부의 궤도에 오르는 사람은 행운을 세렌디피티로 만들기 위해 많은 책을 읽고 넓은 네트워크를 구축합니다. 또한 행운을 포착할 때까지 여러 번 도전하고 실패하는 과정에서 노하우를 쌓죠. 무엇보다 지치지 않고 서두르지 않으며 때를 기다리며 꾸준히 노력합니다.

부는 우리가 원하는 시기에 원하는 방식으로 오는 것이 아니라 부자가 되기 위한 준비와 노력을 하고 있으면 선물처럼 어느덧 우리에게 다가오는 성질을 가졌습니다.

생각을 키우는 씨앗질문

지금까지의 삶에 있어 가장 운이 좋았던 적은 언제였나요? 우연한 운이 아닌, 기다리고 노력하던 중에 얻어진 세렌디피티는 어떤 것이 있을까요?

5장

모두가 해피리치의 삶을
즐기기 위해

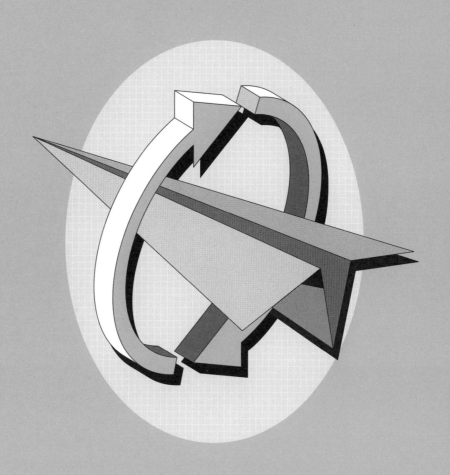

부자가 되는 과정도
행복할 수 있다

"저는 탭댄스를 추며 출근합니다. 일이 너무너무 재밌거든요."

~ 세계적인 투자가, 워런 버핏 ~

돈은 행복하게 살기 위해 필요한 도구입니다. 그러니 인생의 가장 1순위인 '행복'을 위해 정서적으로 안정감을 찾고 평온을 찾는 것이 부자가 되는 데 있어 가장 기본이 되어야 하겠죠. 아무리 큰 부자가 되어도 자존감이 높아지지 않거나 행복해지지 않으면 과소비의 덫에서 빠져나올 수 없기 때문입니다.

해피리치는 '돈을 얼마나 벌어야 할지'보다 '얼마나 행복하게 살 것인지'를 더 중요하게 생각합니다. 행복한 상태를 유지하는 것이 부를 키우는 차원에서도 훨씬 유리하기 때문이죠. 현대 심리학에서 밝혀진 '긍정 정서'에 따르면 행복한 상태에 있는 것이 원하는 것을 더 빠르게 얻을 수 있는 선행 요소라고 합니다. 행복 연구가인 조르디 쿠아드박도 성공하려면 먼저 행복하라고 조언합니다. 그는 우리가 행복할 때, 더 창의적인 일을 많이 하면 실제로 높은 성과가 나타난다고 말합니다.[85]

많은 부자 전문가가 꼽은 부자들의 특징 중의 하나는 '낮은 만족도'였습니다. 결과에 대한 낮은 만족도는 한 개인을 더 큰 부나 성공으로 나아가게 하는 데 결정적인 영향을 미치긴 하지만 그 사람의 행복도와는 크게 상관 없어 보입니다. 오히려 '행복'이라는 심리를 생각할 때 '빈도'보다는 '강도'를 선호하는 사람들이죠. 그러니 이들은 더 강한 부와 더 강한 행복을 원하고 점차 '부'와 '행복'에 대한 만족도는 떨어질 수밖에 없습니다. 전보다 더 거대한 부와 행복을 원한다면 끝이 없기 때문입니다. 그러니 '부자가 되면 행복해질 거야'라는 '신화'는 이들에게 거대한 허구이자 영원히 잡히지 않는 신기루 같은 것입니다.

행복이라는 감각은 돈을 버는 감각과 다른 방식을 요구합니다. 부의 궤도에 오르는 방식이 미래를 위한 삶을 사는 것이라면 행복의 방식은 '현재에 집중하는 것'입니다. 그래서 해피리치는 이 두 가지 삶의 방식을 조화롭게 구성해야 합니다. 그러려면 행복에 대해서도 제대로 이해하고 노력해야 하죠. 이를 위해 샌드라 앤 테일러가 주장한 '성공의식'의 개념을 이해하면 좋습니다.

'성공의식'은 지금 바로 인생을 즐기기로 마음먹는 것입니다. 성공의식을 가지고 산다는 것은 우리 인생의 사소한 경험들을 소중히 여기려는 삶의 태도입니다. 그래서 현재 내가 가진 것에 최대한 감사한 마음을 가지며 미래의 목표를 위해 꾸준히 나아가며 행복을 느끼는 것입니다. 이런 태도에서는 돈을 벌고 나서야 행복해지는 것이 아닌 부자가 되기로 마음먹고 그 목표를 위해 노력하는 과정 속에서 행복감을 느끼는 것으로 행복의 지향점을 전환하는 것입니다.[86] 테일러의 주장처럼 우리는 현재의 미완성에 불평하거나 과정에서의 장애물에 민감하게 반응하기보다 그것을 이루어 가는 과정에 집중하고 즐거움을 느껴야 합니다.

부자가 되길 원한다면 돈의 EQ를 높여라

모든 분야에는 오랜 기간 생명력을 갖고 시대를 초월한 '고전' 즉, 클래식이 존재합니다. '부'의 영역에도 당연히 클래식이 존재하겠죠. '성공'이나 '돈'에 대한 키워드는 인류 사회의 오랜 관심사였습니다. 그러니 우리는 처세술을 익히기 위해 세상의 지혜를 천명한 공자의 『논어』를 읽는 것처럼 '부'의 영역을 지배하기 위해 고전부터 먼저 접해야 합니다. 흥미로운 점은 '돈'과 '성공'에 관한 고전의 내용은 대부분 높은 지능보다 그 사람의 '기질'에 대해 강조한다는 겁니다.

돈을 벌어 부자가 되기 위해서는 다양한 능력이 필요합니다. 우리가 살고 있는 자본주의 경제 시스템에 대한 이해에서부터 사업, 투자 등에 이르기까지 다양한 지식과 노하우가 요구되죠. 그래서인지 우리는 돈을 벌기 위해 생각보다 많은 것을 해야 할 것만 같은 부담감을 느낍니다. 그런 논리라면 경제학자들이 전 세계 최고 부호들의 자리를 꿰차고 있어야 할 겁니다.

하지만 부를 이룬 여러 사람의 사례를 보면 돈을 버는 차원에서 반드시 높은 학력이나 지적 능력이 절대적인 조건이 아니라는 것을 알 수 있습니다. 모건 하우절은 『돈의 심리학』에서 "금융위기에 관해 공부하면 할수록 탐욕과 불안, 낙천주의 등을 공부해야 하며, 이를 돈과 관련된 심리 혹은 태도라고 불리는 '소프트 스킬'이라고 한다."라고 언급합니다. 이는 돈에 대한 감정이 부를 일구는 데 매우 결정적인 역할을 한다는 것을 말해 줍니다.

따라서 '지적 능력' 이외의 심리를 다루는 능력이 부의 세계에서는 매우 중요합니다.

혼다 켄은 이를 돈의 IQ와 EQ라고 이름 붙이면서 설명합니다. 돈의 IQ는 말 그대로 돈을 버는 방법에 가까운 의미인 '돈의 지능'입니다. 로버트 기요사키와 같은 사람은 이것을 '금융 지능'이라고 표현하죠. 그에 따르면 금융 지능은 크게 회계(재무를 관리할 수 있는, 숫자를 이해하는 능력), 투자(돈이 돈을 버는 방법에 대한 과학), 시장에 대한 이해(수요와 공급의 과학을 통해 기회를 잡는 것), 법률 등입니다. 돈에 대한 정확하고 올바른 정보를 취사 선택하고, 독립적인 판단을 통해 사고하는 것이 바로 돈의 IQ라고 할 수 있습니다.

반면 돈의 EQ는 돈에 대한 '올바른 태도와 마인드'를 뜻하는 '돈의 감성지수'입니다. 감성지수에 대해 가장 많이 인용되는 대니얼 골먼에 의하면, 감성지수가 높은 사람은 자신의 감정을 적절히 조절·제어하고 어떠한 일에 실패했을 때도 좌절하지 않고 자신을 다잡으며, 타인에게 관심이 많고 소통이 원활해 좋은 인간관계를 구축합니다.

따라서 돈의 EQ가 높다는 것은 흔들리지 않는 자신만의 원칙을 가지고 돈을 제대로 다루어 행복한 인생을 사는 방법을 안다는 것을 의미합니다. 즉, 돈의 EQ는 '돈'에 대해 지나치게 혐오하거나 숭배하지 않는 비판적 사고력이라고도 할 수 있습니다.

부의 대가들은 IQ보다 EQ가 부를 일구는 데 더 중요하다고 말하기도 합니다. 워런 버핏은 부자가 되기 위해서는 농담처럼 IQ가 160이라면 30은 나누어줘도 된다고 말합니다. IQ가 그리 높을 필요가 없다는 뜻이죠. 앙드레 코스톨라니는 주식시장의 90%는 심리가 지배한다고 말했습니다. 즉, 부자가 되는 데 있어 높은 지능은 필수가 아니라는 겁니다. 오히려 중요한 것은 정신적 안정성과 독립적 판단입니다.

돈의 IQ는 다소 시대적 변화에 따라 요구되는 내용들이라 변화할 수 있습니다. 10년 전에 유효했던 부의 방식이 지금은 전혀 통하지 않기도 하니까요. 다만 돈을 대하는 태도와 감성인 돈의 EQ는 시대를 관통하는 측면이 있습니다.

해피리치는 돈의 IQ와 EQ를 모두 균형감 있게 개발하는 사람입니다. 그리고 무엇보다 행복하게 부자되는 방법을 가장 우선합니다. 그래서 이들은 언제나 좋아하는 일을 통해 돈 버는 방법을 고안하고 이를 단계적으로 다양한 실험을 통해 모색합니다.

생각을 키우는 씨앗 질문

나는 돈에 대한 IQ와 EQ 중 어떤 부분이 높을까요? 돈을 버는 방법이 무궁무진하다면 IQ가 높은 것이고, 큰 아이디어는 없어도 가지고 있는 돈을 어떻게 절제하고 사용하며 다뤄야 할지 안다면 EQ가 높은 겁니다. 한번 생각해 보세요.

자동 부자 습관을 체득하라

"생각이 행동을, 행동이 습관을, 습관이 인격을, 인격이 운명을 바꾼다."

~ 『자조론』의 저자, 새뮤얼 스마일스 ~

'자동 부자 습관'이란 『더 이상 가난한 부자로 살지 않겠다』의 저자 데이비드 바크에 의해 고안된 방법입니다. 이는 일상의 작은 것들에서부터 소비를 제어하고 저축하고 투자하는 습관을 만들어 자동으로 경제적 자유를 얻는 시스템을 만드는 것을 말합니다.

바크는 화려하고 주목받는 큰 부자들보다 눈에 잘 띄지는 않지만 평범한 사람들이 부자가 된 사례에 주목했습니다. 그리고 그는 이들을 '진정한 부자'라고 부릅니다. 이들의 부의 비결은 앞서 말한 '자동 부자 습관'입니다. 그리고 이 습관이야말로 가장 검증된 부의 법칙이라고 할 수 있습니다. 그래서인지 바크의 저서는 미국에서 엄청난 주목을 받았습니다.[87] 보통사람이 가장 확실하게 부자가 되는 방법이기 때문에 누구나 쉽게 공감할 수 있었죠.

자동 부자 습관의 주요 내용을 살펴보면, 먼저 첫 번째 방법은 자신이 현재 벌어들인 소득 중 일부를 자산에 투자해 복리효과를 누리는 겁니다. 무엇보다 지금 하고 있는 일을 당장 그만두고 무언가 다른 일을 만들기보다 매우 현실적으로 소득을 점검해서 소비보다는 투자의 비율을 높입니다. 그리고 주식, 부동산처럼 자산이 점차 커지는 원리를 선택해 지속적으로 투자합니다. 즉, 체계적인 저축과 계획대로 실천한 투자를 통해 부자가 되는 것입니다.

무엇보다 이 '자동 부자 습관'의 특징은 일상의 작은 습관들을 교정해 크게 다른 활동을 하지 않으면서도 자동적으로 부자로 만들어주는 것입니다. 그러니 부자가 되는 방법 중에서도 가장 확실하면서 보편적이죠.

우리는 당장 사업가가 되거나 투자자가 되기는 어렵습니다. 현재 하고 있는 일을 벗어나 전혀 해 본 적 없는 일을 할 수도 없죠. 하지만 습관은 조금씩 바꿀 수 있습니다. 신경과학자 러셀 폴드랙에 따르면, 습관은 복잡한 세상을 효율적으로 헤쳐나가게 해 주는 삶의 지침이 됩니다. 모든 행동 습관은 반복하면 자동화됩니다. 성인이 되면서 생긴 습관은 지워지지 않는 흉터처럼 뇌에 각인됩니다.

그래서 폴드랙은 나쁜 습관은 아예 처음부터 뇌 속에 스며들지 않도록 엄격하게 관리해야 한다고 말합니다.[88] 따라서 최대한 빠르게 부의 습관을 형성하는 것이 중요합니다.

'건강한 신체를 만드는 것은 운동 습관이고, 높은 지식을 갖는 것은 독서 습관이고, 큰 부자를 만드는 것은 좋은 투자 습관이다'라는 말이 있습니다. 『이웃집 백만장자』의 작가인 토머스 스탠리는 미국 전역의 백만장자들을 조사한 끝에 수입의 10~15%를 저축하고 투자하면서 꾸준히 검소하게 생활하면 누구든 백만장자가 될 수 있다고 말합니다.

해피리치에게 가장 필요한 것은 돈이 자동으로 들어오는 시스템을 만드는 것입니다. 의식하거나 엄청난 노력을 하는 것이 아니라 매일 매일의 작은 습관들로 돈이 자동으로 불어나는 시스템입니다. 자동 부자 습관은 아이가 자전거 타기나 양치질을 배우는 것과 유사합니다. 많은 시행착오가 필요하고 실패할지라도 반드시 습관화해야 하는 것이지요.

행복한 부자, 해피리치는 경제적·정신적으로 모두 풍요로운 사람을 의미합니다. 이는 평범한 삶에서 비범한 삶으로, 빈곤에서 풍요로운 상태로, 생존의 쳇바퀴에서 무한한 창조의 삶으로 거듭나는 것입니다. 특별한 존재로 진화하기 위해서는 의식적인 노력뿐만 아니라 무의식적인 습관의 힘도 필요합니다. 그동안 우리는 '부자'가 되는 것과 거리가 먼 오랜 습관을 갖고 있었습니다. 나쁜 습관을 좋은 습관으로 바꾸는 것의 어려움은 굳이 말하지 않아도 모두가 알고 있습니다.

인내하면 부자가 된다는 부의 원리

부자를 만드는 데 필요한 것은 돈을 모으는 '습관'이라는 걸 알게 됐습니다. 그런데 여기 한 가지가 더 추가됩니다. 부를 이룬 많은 사람은 모두 장기적인 시야와 시간을 견디는 '인내심'이 부를 이루는 중요한 기질이라고 말합니다. 그만큼 사람들은 오랫동안 투자하는 것을 힘들어하기 때문입니다. 부의 측면에서 큰 성과를 이룬 사람은 모두 전쟁, 인플레이션, 디플레이션, 자연재해, 정치적 충돌 등의 엄청난 위기 속에서도 인류가 결국은 가치를 창출할 것이라는 낙관성을 가졌습니다. 우리가 인내할 수 있다면 엄청난 경제적 식견이 없어도, 간혹 잘못된 판단을 하더라도 부자가 될 수 있습니다.

데이비드 바크는 자동 부자 습관의 첫 시작은 매월 소득에서 일부를 떼어 자신에게 투자하는 것이라고 강조합니다. 그리고 이 일이 자동으로 이루어지도록 해야 합니다. 가계부를 쓰거나 경제 계획을 세우는 것보다 이 방법이 훨씬 더 효과적입니다. 소득에서 일부를 떼는 것이 쉽지 않다면 차라리 이 투자금을 세금처럼 생각하는 것도 좋습니다. 급여나 예상 외의 소득이 생길 때마다 자신만의 세율을 정하고 그만큼 투자 계좌나 저축 계좌로 옮겨두는 것입니다. 이름은 '부자를 위한 종잣돈 세금'이라고 해 두죠. 낮게는 소득의 5%에서 많게는 20%까지 정할 수 있습니다. 처음 시작하는 사람들은 초반에 이 비중을 너무 낮게 잡거나 높게 잡는 경우가 많습니다. 하지만 다른 습관 형성의 방법에서 알 수 있듯이 우리의 의지력은 그렇게 오래가지 않습니다. 그래서 정말 서서히 이 투자 세율을 높여가야 합니다. 갑작스러운 변화는 습관을 포기하게 하는 제1요인이기 때문이죠.

종잣돈 세금이 어느 정도 모였다면 이제 이 돈을 단순히 통장에 묵히지 말고 투자에 활용합니다. 부의 궤도에 오르려면 무엇보다 자본주의를 낙관적으로 보는 것이 필요합니다. 역사적으로도 일시적인 세계적 위기가 와서 자산가격이 폭락하기도 하지만 결국은 제 값을 찾고 상승하게 됩니다. 이는 자본주의에서 한 번도 어긋난 적 없는 사실입니다. 투자를 강력하게 추천하는 것은 복리효과 때문입니다. 물론 이때도 인내심은 최고의 무기가 되죠. 진득이 어떤 상황이 펼쳐지든 가만히 기다리면 이자는 이자를 업고 더 큰 돈뭉치를 만들어 냅니다.

물론 자산가치들이 대부분 올라 거품이 있다는 판단이 들 때는 조심하는 것이 맞습니다. 하지만 그때조차 채권이나 증권사의 안정적인 단기금융상품에 투자하여 하루라도 이자를 받는 곳에 투자를 해야 합니다. 주로 증권사의 CMA Cash Management Account와 같은 곳에 투자하는 것이 좋은 방법입니다.

생각을 키우는 씨 앗 질 문

지금까지 꾸준히 하고 있는 습관 중에 좋은 것과 나쁜 것이 있다면 무엇이 있을까요? 앞으로 고치고 싶은 습관과 채우고 싶은 습관도 찾아보세요.

오늘의 일을 즐겨라!

"돈은 작품 활동에서 금전적 보상 이외에는 아무것도 기대하지 않는
작가들만 타락시킨다. 바로 이러한 맥락에서, 자본주의의 부富는
작가들이 창작의 기쁨을 마음껏 누릴 수 있는 토양이 된다고 할 수 있다."

~ 하버드대학 경제학 박사, 타일러 코웬 ~

교육심리학의 세계적 석학 하워드 가드너에 따르면, 어떤 분야
에서든 성공하기 위한 전문적인 수준이 되기 위해서는 적어도 10년
이상 최선의 열정을 다해야 한다고 합니다.[89] 즉, 우리가 원하는 결
과물을 얻기 위해서는 그 일을 오랫동안 지치지 않고 해내는 힘이
필요한 것이죠.

또한 창의성과 몰입 연구의 세계적 권위자인 미하이 칙센트미
하이는 창의적이고 성공적인 사람들의 가장 공통된 특징은 '자신이
하는 일을 사랑한다는 것'이라고 말합니다.[90] 그리고 이 과정에서
중요한 것은 어린아이의 섬세한 감수성을 유지하는 것이고, 이것
이 지치지 않고 그 일에 매진하는 비결이라고 하죠. 그래서 그들은

좋아하는 일을 하고 성공합니다.

이처럼 우리는 두 거장의 통찰을 통해 좋아하는 일과 나 자신을 성장시킬 수 있는 일에 대한 고집이 사회적 성공으로 자연스럽게 이어진다는 것을 알 수 있습니다. 이런 사람들은 자신의 출신 배경과 상관없이 자신의 흥미를 충족시켜 주는 일을 하기 위해 노력해 왔습니다.

심리학에서는 내재적 동기와 외재적 동기라는 개념이 있습니다. '내재적 동기'는 행동 그 자체에서 즐거움을 찾기 위함입니다. 즉, 내재적인 동기를 가진 사람은 어떤 일이나 행위를 할 때 성취, 호기심, 도전 욕구 등을 충족하기 위해 노력합니다. 반면, 외재적 동기를 가진 사람들은 외부의 기대나 보상에 의해 움직입니다.

소위 전통적인 관점에서 우리가 돈을 버는 목적은 외재적 동기에 가깝습니다. 하기 싫은 일을 억지로 하는 것은 '돈'이라는 보상을 얻기 위함이죠. 이런 동기부여는 단기적으로는 강한 에너지를 발휘할 수 있지만, 일정 시간이 지나면 일 그 자체에 관심이 없고 결과에만 관심을 기울이게 됩니다. 그러니 월급날만 들여다보고 살 수밖에 없죠. 이 과정에서 자기 만족감은 낮아질 수밖에 없습니다.

반면 내재적 동기는 다릅니다. 내재적 동기로 일을 하는 사람은 그 결과에 초연합니다. 그 과정 자체를 즐기고 집중하기 때문이죠.

단기적으로는 비효율적일 거 같지만 장기적으로는 훨씬 큰 동기부여를 통해 지속적으로 그 일을 해나갈 수 있습니다.

진심으로 몰입하면 선물처럼 찾아오는 바로 '그것'

베스트셀러 작가 사이먼 시넥은 앞으로의 시대는 유한게임의 시대에서 무한게임의 시대로 이동한다고 주장합니다. 유한게임은 1등 중심의 게임이었고, 명확한 결승 지점을 찾아야 하는 게임으로 규칙이 존재하고 경쟁자를 이기면 되는 방식이었습니다. 하지만 무한게임의 시대에는 승자도 패자도 없습니다. 과거에 비해 변화의 폭이 커지고 위기가 어디든 늘 도사리고 있기 때문입니다.

이런 무한게임의 시대는 결국 유연하게 한 수 앞을 내다보는 전략이 필요합니다. 그 전략은 아직 존재하지 않은 미래에 대한 가슴 설레는 대의명분입니다. 무한게임에서 승리하는 사람은 대의명분을 바탕으로 위기를 탄력성 있게 극복하고 기회를 포착합니다. 그들은 차별화된 일의 의미를 알기 때문에 결과로 가는 과정을 즐깁니다.[91] 그래서 오랜 시간 일하고 일정한 수준에 도달하기 위해 가슴 설레는 일을 하죠. 이들이 바로 내재적 동기를 가진 사람들입니다.

해피리치는 부를 키우는 과정에서 내재적 동기를 이용합니다. 과정 자체를 즐기다 보니 좋은 결과는 늘 따라오게 마련이죠. 행복하게 부를 이루는 과정은 긴 여정이라고 할 수 있습니다. 그렇기 때문에 과정을 즐기는 여유와 지혜가 필요합니다. 해피리치 롤모델들은 성공의 비결을 일을 사랑한 결과라고 말합니다. 그들은 돈을 벌기 위해 일했다기보다 좋아하는 일을 하면서 돈을 벌려고 했습니다. 그래서 이들은 "사랑하는 일을 하다 보니 큰 부가 생겼다"라고 대답하는 경우가 많습니다.

해피리치에게 부富는 진심으로 좋아하고 사랑하는 일을 찾고 열정적으로 집중하면 자연스럽게 찾아오는 선물 같은 것이라고 할 수 있습니다.

스페셜리스트보다 크리에이터를 꿈꾸는 사람들

우리는 앞에서 좋아하는 일을 하는 사람이 오랜 시간을 통해 일에 몰입해서 성공하는 이유를 살펴보았습니다. 하지만 이런 의문이 들 겁니다. '과연 좋아하는 일을 통해 부자가 될 수 있을까?', '좋아하는 일이 돈을 하나도 못 버는 일이면 어떡하지?'라는 생각이죠. 또 과정만 즐겨도 성공한다는 건 너무 이상적인 이야기이거나 극소수의 사례가 아니냐고도 반문할 수도 있습니다.

이처럼 우리의 통념상 '좋아하는 일과 돈'은 느낌상 무언가 동시에 이루기 어려운 듯합니다. 실제로도 제가 강의에서 좋아하는 일을 하는 사람이 성공한다는 이야기를 해 주어도 사람들은 의심의 눈빛으로 저를 쳐다보곤 합니다. 하지만 이것은 우리가 가지고 있는 일종의 편견이자 통념입니다. 그래서 많은 사람이 이 두려움 때문에 하기 싫은 일을 하고 좋아하는 일보다 당장 돈이 되는 일을 합니다. 이는 우리가 진정으로 원하는 삶의 방식이 아닙니다.

최근 부와 좋아하는 일과의 연관성을 입증하는 연구들이 쏟아지고 있습니다. 산업구조의 개편과 라이프스타일의 변화는 좋아하는 일을 하는 사람에게 부가 집중되도록 만들어지고 있죠.

미국의 제22대 노동부 장관 로버트 라이시는 21세기 노동에 대해 예견했고 현재 그의 예측은 적중하고 있습니다.[92] 그에 따르면 21세기의 사람들이 하는 일은 크리에이티브 클래스Creative Class와 맥잡MacJob으로 양극화될 것으로 보았습니다.

'맥잡'은 패스트푸드점 맥도날드의 이름에서 유래된 것으로, 전형적인 생산을 하거나 대인 서비스를 하는 단순 반복 작업을 의미합니다. '크리에이티브 클래스'는 지식이나 사업, 그리고 예술 등의 확장성이 높은 서비스를 제공합니다. 그런데 세계적인 기술발전으로 맥잡인 단순 반복 작업에 종사하는 노동자들은 점차 신흥국 노동자 혹은 기계와 인공지능에 의해 대체되면서 저소득에 머물게 되었습니다. 그에 반해 크리에이티브 클래스는 '시급으로 계산할 수 없는 가치의 일을 하는 사람들'로 과거에는 상상하기 힘든 부를 거머쥐게 됩니다.

이처럼 크리에이티브 클래스가 부상하는 시대에는 하기 싫고 괴로운 것을 견디며 안정적인 수입을 기대하지 않습니다. 일한 만큼의 성과보다는 관리나 창작 등의 성과 연동의 일이 더 큰 부를 만드는 시대이기 때문입니다. 그래서 자신이 좋아하는 것이나 장점에 지식과 시간을 집중해 전문성을 가질 때 성공에 가까워집니다.

또 다른 미래학자 다니엘 핑크는 앞으로는 상당수의 사람이 조직에 속해 살아가기보다는 자유롭게 일하는 방식으로 변해갈 것이라고 예견했습니다.[93] 미래학자 롤프 옌센도 유사한 전망을 내놓았습니다. 그는 미래사회를 꿈과 이야기를 사고파는 '드림 소사이어티'라고 정의했습니다.[94] 정보화 사회 이후에는 멋진 이야기를 갖고 있는 개인이나 기업이 성공하는 시대가 될 것이라고 보았던 것이죠.

최근 청소년들의 장래희망 중 높은 순위를 차지하는 것은 운동선수, 연예인, 콘텐츠 크리에이터입니다. 이 직업들의 특징은 모두 좋아하는 일을 하며 큰 부를 이룬다는 것이죠. 경제학자인 타일러 코웬도 상업성(돈)은 예술 창작 의욕을 북돋을 뿐만 아니라 창작자의 경제적 안정을 가져다주어, 다양하고 혁신적인 예술이 가능하게 한다고 보았습니다. 역사적으로 시장경제가 자리 잡은 문명에서 문학, 미술, 음악 분야가 발전한 것을 그 사례로 꼽습니다.[95]

미국과 같은 서구권에선 이제 뛰어난 역량을 가진 이들은 굳이 고밀도 도심에서 일하지 않고 조금은 벗어난 교외에 거주합니다. 골치 아픈 조직에도 속하지 않습니다. 이들은 미국 사회에서 보보스Bobos 혹은 노마드Nomad로 불리면서 최첨단 기술을 자유자재로 다루며 사회 필수 인력이 되는 동시에 자유를 추구합니다. 그리고 스스로를 스페셜리스트보다는 크리에이터로 여기는 경향이 있습니다. 이들에게 중요한 것은 '좋아하는 일'이죠. 그래서 규모가 큰 조직에서는 만들어 내기 모호한 콘텐츠, 디자인, 지식 등으로 경쟁력을 확보합니다. 이들은 단순히 콘텐츠 제공자를 넘어 하나의 팬덤을 통해 부를 얻기도 합니다.[96]

즐거움과 목적의식을 결합하라

좋아하는 일을 하면서 부자가 된 대표적인 인물 워런 버핏은 이런 이야기를 합니다.

"어쩌면 저는 세상에서 가장 행복한 사람 중의 한 명일 수 있습니다.
좋아하는 일을 하면서 엄청난 돈을 벌고 있으니까요."

그는 우리가 직업을 택할 때 돈과는 별개로 하고 싶은 일이 있는지 떠올려보고 그 일을 선택하라고 말합니다. 그런 일은 우리가 진정으로 좋아하고 잘할 수 있는 일입니다. 물론 첫 직장에서 그런 일을 찾을 수는 없습니다. 그래도 사랑하는 일을 찾을 때까지 포기하지 말아야 한다고 조언합니다.

그가 부를 이룬 과정에서부터 하루하루의 생활과 세상에 기여하는 방식에 대한 조언은 자본주의 사회가 건강하게 움직이는 중요한 동력을 제공하기도 합니다. 우리는 이 세계적인 부자가 인생을 진정으로 행복하게 사는 방법에서 많은 걸 배울 수 있습니다.

워런 버핏은 실제로 많은 돈을 쓰지 않습니다. 현대 금융의 핵심인 뉴욕 월가에 살지도 않고 오히려 조금 벗어난 곳의 아주 오래된 집에서 소박하게 살아갑니다. 햄버거로 아침 식사를 때우고, 아침부터 저녁까지 신문이나 책 그리고 기업의 사업보고서를 읽는 데 시간을 보냅니다. 무엇보다 자신의 일을 진심으로 사랑합니다. 1년 중에 하기 싫은 일은 단 한 건도 하지 않는다고 말할 정도입니다. 하루하루를 누구보다 열정적으로 살면서 누구보다 행복하게 또 많은 돈을 벌고 살아갑니다.

『80/20 법칙』의 저자 리처드 코치는 좋아하는 일과 돈이 되는 일의 교집합을 찾을 것을 강조합니다. 그에 따르면 우리는 가장 좋아하는 일을 생계수단으로도 삼고 싶어 합니다. 물론 몇몇 소수의 사람은 그런 행운을 누리기도 하지만 대부분에게 이는 이상적인 이야기에 불과하죠. 그래서 그는 제일 좋아하는 일을 찾는 것이 어렵다면, 두 번째 혹은 세 번째 정도 좋아하는 일 중에서 돈도 벌 수 있는 교집합이 가장 큰 일을 찾아보라고 조언합니다. 그에 따르면 생계로 삼은 일은 좋아할 뿐만 아니라 능숙하게 잘할 수 있어야 한다고 말합니다. 그래야 더 즐겁게 일할 수 있기 때문이죠. 다시 말해 좋아하면서 탁월한 능력을 발휘하여 일인자가 될 수 있는, 즉 20%의 노력으로 80% 성과가 나타나는 분야를 찾는 것이 중요하다고 강조합니다.[97]

우리는 또한 '행복 과학자'로 불리는 폴 돌런의 주장에서 좋아하는 일과 돈의 심리적 타협점을 찾을 수 있습니다. 돌런은 사람들은 다소 고통과 불편함이 있더라도 가치와 목적의식을 추구하려는 분명한 경향성을 띤다고 말합니다. 그래서 즐거움과 목적의식이 결합된 '즐거움-목적의식 원칙Pleasure-Purpose Principle, PPP'을 행복의 조건으로 제시합니다. 즉, 즐거움의 감정과 목적의식이 동시에 발현될 때 행복하다는 겁니다. [98]

앞으로는 좋아하는 일을 통해서 장기적으로 성공할 수 있는 시대라고 할 수 있습니다. 해피리치는 자신이 좋아하는 것을 발견하고, 거기에 모든 시간과 에너지를 쏟아 몰입하고, 그 과정을 즐깁니다. 그리고 그 과정에서 행복과 부를 함께 키워나갑니다.

생각을 키우는 씨앗 질문

무엇을 할 때 가장 행복하고 즐거운가요? 그 행동을 직업과 연결시킨다면 어떤 업종이 맞을까요? 만약 정확히 맞아떨어지는 게 없다면 가장 비슷한 업종에서 교집합을 찾아보세요. 당신은 그 일로 성공할 가능성이 가장 큽니다.

사소함을 '위대함'으로 만드는 자세

"나는 무엇인가를 할 때, 모두 나에 대해 탐구하는 과정이라고 생각한다.
내가 누구인지 나의 한계가 무엇인지 배우고 싶기 때문이다."

~ 오라클 CTO, 래리 엘리슨 ~

스티브 잡스는 한 인터뷰에서 이런 질문을 받았습니다.

"Are you Hippie or Nerd?"

(당신은 히피입니까, 범생이입니까?)

스티브 잡스는 주저하지 않고 '히피'라고 답했습니다. 히피란
1960~70년대 서구사회를 뒤흔든 문화혁명에서 출발한 사회적 운
동의 주역들을 말합니다. 이들은 기존의 사회체계에 대한 불만을
갖고 있었고, 더 이상 기성세대들이 강요하는 관습이나 전통에 순
응하지 않고 적극적으로 반기를 들고 저항하고 싸웠습니다. 이들

은 무엇보다 당대 사회가 지나치게 물질주의적인 가치관에 몰입하는 것을 비판했습니다. 그중에서도 가장 대표적으로 베트남 전쟁과 같은 뚜렷한 목적 없는 싸움으로 인해 젊은이들이 목숨을 잃는 상황에 저항했습니다.

실리콘밸리의 성공의 아이콘이라고도 할 수 있는 스티브 잡스는 자신이 히피 세대라는 것을 숨기지 않고 받아들였습니다. 물질적인 가치 그 너머의 가치를 추구하고, 이상적인 사회를 실현하고자 했던 히피 세대들의 탈물질주의적 가치관이 자신에게 영향을 주었고, 현재 애플사의 혁신적인 문화에 많은 영향을 미쳤기 때문이죠.

세계적인 베스트셀러 작가이자 심리학자인 웨인 다이어는 자기실현을 위해서는 사회화에 저항하는 것은 불가피한 일이라고 말합니다.[99] 우리가 소위 말하는 큰 부를 이룬 사람들은 관습을 거부하고 자신의 세계를 만들어간 반항아들이 많습니다. 무엇보다 반항아들은 자신의 내부에 간직한 가치를 중요시하고 이를 밀고 나갑니다. 이들은 기존의 정형화된 관습에 의한 사회화를 거부합니다. 실제 자수성가한 부자들의 모습을 보면 이들은 대부분 혁신가의 모습을 가지고 있습니다.

즉, 부자가 된다는 것은 자신만의 고유한 가치를 만들어 내는 것입니다. 기존의 시스템이나 규칙에서는 새로운 가치를 만들어 내기 어려우니 새로운 문화와 규범으로 자신만의 세계를 만들어 내는 것이죠. 그래서 부자들은 체제에 잘 순응한 사람이라기보다는 전통의 관성을 부수는 사람에 가깝다고 할 수 있습니다.

『졸업장 없는 부자들』에서도 왜 세계적인 성공을 이룬 사람들이 대학 졸업에 초연한지 그 이유를 잘 말해 줍니다. 학력과 성공은 큰 연관성이 없기 때문입니다. 오히려 부자는 정답만을 찾으려 하지 않고 미지의 영역에 도전해서 자신의 길을 개척하기도 합니다. 언뜻 보면 부자들은 매우 합리적인 사람인 것처럼 보이지만, 필요한 순간에는 무모하기도 합니다. 이들은 미지의 세계에 대한 도전이야말로 자신들을 진정한 성공으로 이끈다는 것을 본능적으로 알고 있습니다.[100]

우리 사회는 기존의 관성대로 움직이려는 경향이 강합니다. 그래서 불합리하고 이제 더 이상 의미도 없는 관습을 고집스럽게 지키려는 영역들이 많죠. 이런 전통의 의무들은 우리의 길을 묵묵히 걸어가는 데 방해물이 되곤 합니다. 그래서 '부자 되기'라는 우리의 길을 걸어갈 때 타인에게 피해를 주거나 법에 저촉되지 않는 한, 어느 정도 자신의 기준대로 행동하는 것이 필요합니다. 우리 사회에 혁신이라고 평가받고 많은 부를 창출하거나 사람들을 이롭게 한 아이디어, 혹은 인물들은 대개 한때 많은 비웃음과 반대에 직면했습니다. 하지만 새로운 부는 기존의 비합리적인 방식에 정면으로 맞서서 새로운 시대의 사람들이 원하는 가치를 만들어 낼 때 창출됩니다.

우리는 자라면서 늘 '잘해야지, 실수하면 안 돼. 틀리면 안 돼.'라는 강박을 받아왔습니다. 특히 입시라는 교육 문화 속에서 많은 테스트를 보게 됩니다. 이 입시 문화는 탁월한 성취를 내는 것보다 끊임없이 이어지는 시험을 잘 치러내고 교육과정과 시스템에 부합하는 사람이 유리한 게임입니다.

하지만 나폴레온 힐은 부와 성공의 방식은 완전히 다른 방식이라고 이야기합니다. 부를 일구는 과정은 자신의 길을 개척하는 것이고 대부분은 실패합니다. 그 여러 가지의 실패 중 한 가지가 성공으로 전환되는 순간, 비로소 부의 길목에 들어서게 되는 것이죠. 그래서 부를 일군 사람들은 기꺼이 실패를 수용합니다. 원하는 성과와 원하는 목표를 이루는 과정에서 실패는 마치 하나의 과정과도 같은 것이기 때문입니다. 그래서 생각보다 많은 부자는 논리적이기보다는 고집이 있고, 모범생이기보다는 반항아에 가깝습니다.

어디서나 '사업가의 마인드'처럼 일하라

꽤 오래전에 제가 운영하는 회사가 다소 작은 규모일 때 함께 일했던 A라는 동료가 있었습니다. 그는 좋은 대학을 졸업했고 또래 누구보다 뛰어난 능력을 가지고 있었죠. 솔직히 말하면 저희 회사에서 일하기엔 과분한 인재였습니다. 그런데 대기업보다 적은 연봉에 아직 시스템이 갖춰지지도 않은 작은 회사에 입사한 그는 다른 누구보다 열정적이었습니다. 당시 제가 직접 면접을 보고 채용을 진행했는데, A는 면접 시 창업을 하고 싶은데 이 회사의 사업 아이템에 관심이 많고 스타트업의 운영 방식을 직접 배워보고 싶어 지원했다고 말했습니다. 그러면서 적은 월급도 상관없으니 1년 정도만 일하고 싶다고 말했습니다.

그는 정말 당당했고 솔직했습니다. 그에게 느껴진 것은 면접관에게 잘 보여 채용이 되고 싶은 마음가짐이 아닌 자신의 일을 야무지게 하겠다는 사람의 자세였습니다. 저는 그의 솔직한 마음과 멋진 비전에 매료되어 채용을 결정했고 딱 1년간 함께 일했습니다. A는 적은 월급과 부족한 복지에 대해 불평 한마디 없이 1년간 정말 많은 일을 최선을 다해 진행했습니다. 10년 이상의 시간이 흘렀음에도 그가 1년간 구축해 놓았던 시스템을 여전히 지금도 사용하고 있을 정도로 회사에 엄청난 기여를 했죠. 그리고 약속한 1년의 시간을 마치고 자기 사업을 시작했습니다. 그의 사업은 빠른 시간에 자리를 잡았고, 지금은 저희 회사보다 훨씬 큰 규모의 멋진 회사로 성장했습니다.

이 사례는 자기 일을 이제 막 시작하려는 사람들에게 좋은 영감을 줍니다. 우리는 자신이 원하는 일을 해야 한다고 생각할 때 일정한 '자본'이나 '경력'이 필요하다고 생각합니다. 그러나 당장은 준비가 부족하다고 생각하죠. 하지만 직장 생활을 하더라도 그 속에서 원하는 일은 충분히 찾아서 할 수 있습니다. A는 자신의 시간과 역량을 투자했습니다. 작은 회사의 직원으로 일할 때부터 이미 그는 사업가였습니다. 이처럼 우리는 자신의 사업이 아닌 고용된 상태에서도 나만의 일을 할 수 있습니다.

물론 누구나 처음부터 자기 사업 혹은 자신의 콘텐츠를 가질 수는 없습니다. 내가 다른 이들을 보조하는 일을 하더라도 그 목적은 '내 일을 하기 위함'이라고 봐야 합니다. 그래서 당장은 성과가 나지 않더라도 '내 일을 하기 위한 준비과정'이라고 생각하는 지혜가 필요합니다. 그렇게 될 때 작은 일에서부터 적극적으로 움직이고 목적의식이 뚜렷해 그 시간을 제대로 활용할 수 있습니다. 그렇지 않고 지금 당장 벌어들이는 소득에 과도하게 집중하다 보면 큰 기회비용을 지불할 수밖에 없습니다. 타인 혹은 다른 이들을 위해서만 일하는 피고용인의 삶은 타인이 만들어 놓은 세계입니다. 그 안에서 우리는 쉽게 부자가 될 수 없습니다. 다만 이런 삶을 살기 위해서는 대가를 치를 줄 알아야 합니다.

내가 결정한 모든 일의 책임이 자신에게 있다는 두려움을 극복해야 하며, 언제나 미지의 세계의 예측 불가한 상황을 직면해야 합니다. 비포장도로에 들어서 직접 길을 만들어 나가는 삶을 사는 것입니다. 하지만 이 상황을 견디고 끝까지 해내는 사람만이 평범함을 비범함으로 만듭니다. 이들이 우리가 말하는 '진정한 부'라는 보상을 얻을 수 있습니다.

나는 어떤 '부자 유형'에 속할까?

자기계발 분야 및 교육 분야에서는 메타인지를 매우 중요한 능력으로 꼽고 있습니다. 메타인지는 자기 자신을 객관적으로 바라볼 수 있는 능력을 말하죠. 메타인지 능력이 낮으면 자신의 실제 역량 및 진짜 욕구를 모른 채 살아갈 수 있기 때문에 좋은 성과를 누리거나 행복해지기 어렵습니다. 그러니 행복하게 부를 추구하는 데 있어 메타인지는 매우 중요한 요소가 됩니다. 부자가 되기 위해서는 무엇보다 자신을 아는 것이 매우 중요합니다. 부자의 길은 워낙 다양하고 개인 각각의 상황과 성향 그리고 재능이 다르기 때문이죠.

메타인지를 위해 사용되는 모델은 학문 분야별로 여러 가지가 있습니다. 심리학계에서는 5대 성격 요인 모델Five-Factor Model Personality이 가장 권위적으로 사용되고 있습니다. 5대 성격특성은 보통 '성실성, 신경성, 친화성, 외향성, 개방성'을 바탕으로 측정됩니다.

독일의 역사학자이자 작가인 라이너 지텔만도 5대 성격특성을 가지고 부자들의 공통된 성격을 도출했습니다. 여러 부자와 인터뷰한 결과, 가장 많은 성격특성은 '높은 성실성'과 '낮은 신경성'이었습니다. 이들은 높은 성실성으로 꾸준히 노력하고, 낮은 신경성으로 좌절하지 않고 앞으로 나아갔습니다. 흥미로운 점은 이 두 가지 특성을 제외한 나머지는 각자의 성향일 뿐 부를 이루는 데는 큰 영향이 없었습니다. 그러니 우리는 성실함과 실패에도 회복하는 능력은 최대한 갖추려고 노력하되, 다른 기질에 있어서는 자신의 성향에 맞는 일과 투자방식을 찾으면 됩니다.

단지 돈을 더 많이 벌 것 같다는 단순한 생각으로 자신에게 맞지 않는 유형을 택하게 되면 성공 확률도 낮을 뿐 아니라 과정도 무척이나 힘이 듭니다. 일단은 자신에게 맞는 유형을 통해 가장 오랫동안 할 수 있는 본업을 찾고, 그로 인해 다른 부분들을 조금씩 교정해

가면서 발전시키는 것이 좋습니다.

　그렇다면 나와 맞는 부자 유형에는 어떤 것들이 있는지 살펴봅시다. 현대사회에서 부자의 유형은 크게 3가지로 나뉩니다. '사업가형, 투자가형, 메신저형' 부자입니다. 이외에도 스포츠 스타, 엔터테이너들이 있지만 유년기부터 그 분야에 꾸준한 노력을 해야 하기 때문에 평범한 환경의 사람들이 도전하기에는 다소 어려운 측면이 있어 제외하였습니다.

　첫째, 사업가형 부자부터 살펴볼까요? 이들은 돈을 만들어 내는 기업, 혹은 시스템으로 부를 이루는 사람입니다. 빌 게이츠, 마크 저커버그, 일론 머스크와 같은 사람들이죠. 이는 가장 널리 알려진 방법이고 대부분의 사업가가 여기에 속합니다. 이들은 역사적으로 시대의 변화를 가장 먼저 감지했고, 그 변화 속에서 기회를 발굴하는 사람들이죠. 이들에게는 성공에 대한 엄청난 열정의 개방성과 외향성, 그리고 뛰어난 정서적 안정성을 바탕으로 한 자기 확신이 있습니다. 성격유형에서 개방성, 친화성, 외향성, 성실성이 높고, 신경성은 낮아서 위기에 당황하거나 좌절하지 않고 강한 자기 효능감으로 돌파할 수 있는 능력이 있습니다. 많은 위험과 기회를 수반하기 때문에 가장 큰 부자도, 가장 큰 실패자도 사업가형 부자들에게 볼 수 있는 특징입니다.

둘째, 투자가형 부자는 소위 말하는 '자산'에 투자하는 유형입니다. 워런 버핏, 조지 소로스, 짐 로저스와 같은 사람들로 이들은 부동산, 주식, 채권, 금, 원유 등의 자산에 투자하여 부를 이뤘습니다. 이 유형의 사람들은 자본주의가 발달할수록 점차 늘어나고 있습니다. 이들에게는 높은 성실성과 정서적 안정성이 필요합니다. 위험성이 존재하긴 하지만 자산에 간접적인 투자를 하는 방식이기 때문에 상대적인 위험성은 사업가에 비해 낮은 편이지만 자산의 가치를 정확하게 측정하는 능력이 요구되기 때문에 정교함과 뛰어난 분석력이 필요합니다.

셋째, 메신저형 부자는 최근 부상한 개념입니다. 오프라 윈프리, 토니 로빈스, 험프리 양과 같은 사람들이 여기에 속하죠. 뉴미디어의 발달로 과거에 비해 보통 사람들도 메신저형 부자가 되는 경우가 많아졌습니다. 이들은 유튜브, 블로그, SNS 등을 이용해 자신의 성공 경험이나 전문적인 지식을 공유하기도 하고 혹은 특별한 정보 없이 그저 재미있게 놀고, 먹는 모습을 보여주기도 합니다. 이들은 자신만의 경험과 콘텐츠를 이용해 사람들에게 감동이나 웃음 혹은 영감을 불러일으킵니다. 이 유형은 개방성과 성실성의 특성을 보이고, 창의적이고 개방적입니다. 큰 자본이나 리스크 없이 개인의 노력으로 성공할 수 있기 때문에, 최근 많은 사람이 주목하고 있는 부자 유형입니다. 다만 언제 주목을 받을지 예측하기 어렵기 때문에 많은 인내와 꾸준한 노력이 수반됩니다.

이처럼 부자에는 다양한 방식이 있습니다. 이 중에서 자신의 성격에 잘 맞는 유형의 부자를 선택해서 집중하는 것이 좋습니다. 행복한 부자가 되기 위해서 우리는 자신의 성격유형을 면밀하게 점검하고 이에 가장 적합한 방식으로 부의 궤도에 오르면 됩니다.

생각을 키우는 씨앗 질문

나는 어떤 부자 유형에 맞는지 생각해 봅시다. 먼저 메타인지 중 심리학적 모델인 5대 성격특성(성실성, 신경성, 친화성, 외향성, 개방성)을 살펴본 뒤, 현대사회의 대표적인 부자 유형(사업가형, 투자가형, 메신저형)을 살펴봅니다. 자신에게 적합한 모델을 찾아 진로를 정하는 것은 부자로 가는 가장 빠른 방법입니다.

부를 확장하는 실험에 도전하라

"명예는 실제로 전장에 있는 사람에게 있다. 흙과 땀과 피로 얼룩진 얼굴로
용맹하게 싸우면서 실수하고 실패하는 사람에게 있다.
그들을 승리하지도 패배하지도 않는, 냉소적이고 소심한 사람들과
같은 위치에 세워서는 안 된다."

~ 미국 제26대 대통령, 시어도어 루스벨트 ~

세계 최고 기업의 지분이 10% 있다면 얼마나 큰 부자일까요? 세계 최고의 회사는 2022년 기준으로 한화 3,440조의 가치를 가진 '애플사'입니다. 이 회사의 지분이 10%가 있다면 340조의 가치를 가지게 되는 것이며 아마도 그는 세계 최고의 부자일 것입니다. 그런데 이 기회를 허망하게 날려버린 남자가 있습니다. 그의 이름은 로널드 웨인입니다.

애플사를 떠올리면 우리는 보통 스티브 잡스와 스티브 워즈니악을 떠올립니다. 로널드 웨인이 세 번째 창업자였다는 사실을 기억하는 사람은 매우 적습니다. 그는 애플의 창업 당시 지분 10%, 당시 가치로는 800달러를 받았습니다. 하지만 그는 창업 후에 단돈

2,300달러를 받고 지분을 넘겼습니다. 미래를 내다보지 못한 그는 세계적인 부와 명성을 얻을 기회를 날려버렸습니다. 그에게 당시 왜 그런 행동을 했는지 묻자, "자신은 두 스티브와 함께하기에는 너무 나이가 많았다"고 했습니다. 마치 호랑이의 꼬리를 잡고 산책시키는 기분이 들 정도로 스티브 잡스의 공격적이고 진취적인 태도를 버틸 수가 없었던 것이죠.

로널드 웨인의 이야기는 우리에게 많은 것을 시사해 줍니다. 우리가 부를 이루는 데 가장 큰 걸림돌이 되는 것은 '절대 실패하지 않으려는 태도'입니다. 어떤 일에 능숙해진다는 것은 반드시 시행착오가 있어야 합니다. 방법과 이론이 있어도 실제 능숙해진다는 것은 그만큼 어렵기 때문입니다. 우리는 늘 큰 성공을 한 사람들이 누리는 보상에만 집중합니다. 그들의 경제적·시간적 여유를 부러워하지만 그 보상 이면에는 수많은 실패를 딛고 일어선 상처가 있습니다. 무엇보다 우리는 그들의 실패를 대하는 태도를 살펴야 합니다.

정신과 의사이자 베스트셀러 작가인 필 스터츠는 비범한 성과를 내는 사람들의 심리를 연구했습니다. 그에 따르면 부와 행복을 모두 얻는 사람들은 '명확한 목적의식'을 가지고 그 과정에서 만날 수밖에 없는 '고통'을 직시합니다. 그들은 기꺼이 그 고통 속으로 들어가 즐깁니다. 그리고 이 사고방식이 가장 빠르게 원하는 바를 이루는 지름길이라는 것을 알고 있습니다. "실패할 수도 있어, 고통스러울 거야, 아직은 준비가 안 됐어."라는 말이 보통 사람들에게는 걸림돌이 되지만, 이들에게는 오히려 기회가 됩니다. 이 자세는 니체와 같은 철학자들에게도 강조된 삶의 이치입니다. 고통과 위험에 도전할수록 더 강한 힘을 얻게 된다는 것이죠. 그 길에는 두려움, 낯섦, 지루함, 권태, 고통 등이 있습니다.

우리 인간은 기본적으로는 도전을 싫어하고 실패를 두려워하며 반복해서 실행하는 것에 지루함을 느낍니다. 어쩌면 부를 얻는 과정은 우리 본성에 반하는 길일 겁니다. 하지만 지속적인 노력을 통해 실패를 개선하는 사람들이 원하는 부를 이룹니다.

우리는 실패에 투자할 줄 알아야 하고, 나아가 의미 있는 실패를 즐길 줄 알아야 합니다. 다만 실패를 다룰 때 조금 다른 접근 방법이 필요한데 바로 '반드시 성공한다는 자세'입니다. 『네 안에 잠든 거인을 깨워라』의 작가 토니 로빈스는 성공이라는 결과를 이렇게 설명합니다.

"어린아이는 첫걸음을 떼기 위해서 수도 없이 넘어집니다.
하지만 부모가 그런 아이를 위로하며 최선을 다했으니
이만하면 됐다고 말하는 경우는 없습니다. 왜냐하면

우리 모두 아이가 언젠간 걷게 될 것을 알고 있기 때문입니다. 그저 우리는 실패를 통해 자신만의 걸음을 뗄 수 있는 감각을 스스로 익힐 수 있다고 격려하면 됩니다."

부자가 된다는 것도 이렇게 접근해야 합니다. 반드시 부를 이룰 수 있다는 목적의식과 믿음을 가지고 실패와 시행착오의 과정을 견뎌야 하는 것이죠. 이 힘든 과정이 부의 그릇을 넓혀주고 우리가 더 큰 부를 다룰 수 있는 사람이 되도록 만들어줍니다.

앞길이 막혔다면 우회하는 유연성

이한별 넥스트러너스 대표는 '라이프해킹스쿨'이라는 온라인 플랫폼과 코딩학원, 캠핑용품 대여 사업 등으로 이른 나이에 경제적 자유를 얻었습니다. 그는 20대에 10회 이상의 창업 경험을 했고, 무엇보다 무자본 창업으로 성공했습니다. 그는 한 인터뷰에서 '창업이란 필요한 것을 제공하고 그에 대한 보상을 받는 것'이라고 말했습니다. 그리고 창업은 대단한 능력이나 자본을 가진 사람들이 하는 것이 아니라 제대로 된 능력을 가지면 누구나 할 수 있는 것으로 설명합니다. 그에게 창업은 과학 시간에 실험을 하는 것과 같습니다. '사람들이 이런 걸 필요로 하지 않을까?'라는 가설을 세운 후 실험적 제공을 하는 것입니다. 가설이 맞으면 사업을 진행하고, 가설이 틀리면 다른 가설을 또 세워봅니다. 즉, 창업은 '가설-검증-가설-검증'의 순서로 작게 시작해서 사람들의 반응이 보이면 본격적으로 키워보는 것입니다. 이 방식으로 리스크를 최소화하면서 무자본 혹은 최소 자본으로 창업에 나설 수 있었습니다.[101]

이한별 대표의 설명을 통해 우리가 알 수 있는 것은 '부자가 되는 것은 세상에 필요한 가치를 만들어 내는 것이고, 어느 정도의 실험이 필요하다는 것'입니다. 무엇보다 불확실성이 커지는 사회에서 한 개인이 할 수 있는 것은 세상을 정확하게 예측하거나 전망해서 그에 맞게 행동하는 것이 아닌, 예측 불가한 상황에서 맞이할 수 있는 당황스러움을 어떻게 대처하느냐일 겁니다. 이에 따라 현대 사회의 기업이나 개인에게 가장 요구되는 능력은 피보팅Pivoting입니다. '피보팅'은 최초에는 스타트업에 필요한 경영 전략 중 하나였습니다. '축을 중심으로 회전시키다, 돌리다'라는 뜻을 가진 피보팅은 새롭고 근본적인 가설을 세우고, 이를 상시적인 시장 변화에 대처하기 위해 경로를 구조적으로 수정하는 방향 전환의 전략입니다.[102] 쉽게 말해서 쉼 없이 변화되는 사회에 전략적으로 대응할 수 있는 '유연성'을 말합니다. 코로나 팬데믹으로 거리에 적막이 돌 정도로 외부활동이 막혀 있을 때 식당들이 배달 전문점으로 업종을 전환한 것이 바로 피보팅의 대표적인 사례죠.

이 개념은 최근 개인의 전략으로도 확장되고 있습니다. 탄탄하고 빈틈없는 계획보다는 많은 방향을 직접 실행해 본 뒤 수정을 거치고, 다시 한번 도전해 보는 과정으로 유연성을 갖춰나가는 것이 더욱 중요합니다.[103] 그래서 이런 시대에 부를 이루는 사람은 높은 지능이나 완벽함보다는 도전하는 실험정신과 실패를 경험하고 그 실패를 토대로 다시 일어나 끝까지 해내는 회복 탄력성을 가진 사람입니다.

생각을 키우는 씨앗 질문

지난 시간을 되돌아봤을 때 자신이 저지른 최대의 실수와 실패는 무엇이었나요? 그 시행착오를 지금 생각해 봤을 때 다른 방법으로 전환시켰다면 현재의 나의 삶은 어떻게 변화되었을까요? 혹은 그런 변화를 겪은 경험이 있는지 생각해 봅시다.

6장

나만의 해피리치
롤모델을 찾아라

롤모델, 마치
'그처럼 사는 인생'

"모두가 캐리 그랜트가 되기를 원한다. 심지어 나조차도
캐리 그랜트가 되고 싶다.
나는 내 이상형을 연기했고, 결국 그런 사람이 되었다. 어쩌면 그가 내 안에
들어왔거나, 그와 나의 자아가 중간에서 만났을 수도 있다."

~ 할리우드 명배우, 캐리 그랜트 ~

케임브리지 대학교의 심리학 교수 브라이언 리틀은 우리에게 롤
모델이 왜 중요한지 설명합니다. 그에 따르면 우리는 타고난 기질
이나 환경에 의해 인생이 결정되는 것이 아니라, 추구하는 바에 따
라 얼마든지 방향을 바꿀 수 있습니다. 이것이 '추구하는 대로 사는
존재의 기술'인 '퍼스널 프로젝트'입니다.

'퍼스널 프로젝트'는 내 인생의 목적과 행복에 직결되는 과제입
니다. '나다움'에 대한 강박에서 벗어나 원하는 모습으로 살기 위해
'될 때까지 된 척하기'의 전략을 통해 원하는 존재에 가까워지는 것
입니다. 예를 들어 내향적인 성격임에도 성공 노하우를 배우고 싶
어 외향적으로 행동하는 것이 바로 우리의 퍼스널 프로젝트입니

다. 어떤 사람들은 이를 위선이나 가식이라고 부르지만 리틀에 따르면 이런 방식은 실제 우리의 목적을 달성하는 데 매우 효과적이라고 합니다. 그러면서 성공한 할리우드 배우 캐리 그랜트의 사례를 소개합니다.

캐리 그랜트는 9살 때 정신병원에 수용된 어머니와 그를 전혀 돌보지 않았던 아버지 사이에서 불우하게 자랐습니다. 그런 가정환경 탓에 우울증을 앓다가 14살에 퇴학을 당하게 되죠. 그런 뒤 유랑 코미디 극단에 들어가게 됩니다. 그는 그곳에서 새로운 인생을 살기로 마음먹습니다. 그리고 자신만의 가상의 롤모델을 창조해 마치 자신이 '그'인 것처럼 연기를 하기 시작하죠. 그렇게 롤모델이 된 것처럼 연기하자 실제 그 스스로가 그런 존재에 가까워졌다고 말합니다. 그리고 그는 훗날 품격있는 분위기와 연기를 펼치며 당대 최고의 남자 배우가 되었습니다.

부를 향해 걷는 길도 이와 비슷합니다. 부자가 되고 싶다면 마치 '된 것처럼 될 때까지 연기할' 롤모델을 세우면 됩니다. 해피리치 롤모델들의 가치관과 삶의 여정을 통해 자신만의 롤모델을 창조해 그들처럼 생각하고 행동하면서 그 존재에 가까워질 수 있습니다.

완벽하게 잘 들어맞는 롤모델은 찾기 어렵기 때문에 롤모델의 장점들을 조합해서 자신만의 가상의 롤모델을 만들어도 좋습니다.

이는 우리가 부자가 되고 행복해지는 데 매우 중요한 사고방식입니다. 지금부터는 우리가 참고할 만한 해피리치의 롤모델을 살펴보도록 하겠습니다.

"스티브 잡스가 성공했다고
누가 말할 수 있나?"

"대다수 사람은 사회가 요구하는 대로 살아가. 하지만 잘 계산해 보면,
그러니까 정말로 자신을 위해 생각해 보면 더 잘 사는 길이 있어."

~ 애플 창업주, 스티브 워즈니악 ~

'애플' 하면 우리는 스티브 잡스를 가장 먼저 떠올립니다. 하지만 동업자 스티브 워즈니악이 보다 해피리치에 가까운 삶을 살았다고 할 수 있습니다. 워즈니악은 일반인의 관점에서 볼 때 엄청난 성공을 하고 평생을 쓰고도 남을 돈을 번 큰 부자입니다. 하지만 많은 사람은 스티브 잡스만 기억합니다. 워즈니악 본인은 이에 대해 전혀 서운함을 보이지 않습니다. 그 자신이 누구보다 행복하고 내적인 풍요로움과 충만함을 느끼고 있기 때문이지요.

워즈니악은 자신의 일을 누구보다 좋아했고 높은 수준에 도달하기를 고대했습니다. 컴퓨터 제작을 단순히 부품을 조립하는 것이 아닌 하나의 예술작품을 창조해 내는 작업처럼 하고 싶다고 밝

히기도 했습니다. 그래서 애플이라는 회사가 엄청나게 성장했음에도 불구하고 판매나 관리의 영역인 경영의 업무는 원하지 않았습니다. 큰 조직의 경영자로 있으면 자신의 아이디어를 함부로 신상품이나 신기술에 적용하기 어렵고, 돈에 지나치게 영향을 받기 때문이었지요. 그는 항상 일할 때 즐거움을 느끼지 못한다면 그만두는 것이 낫다며, 그런 면에서 애플사는 자신의 인생에 있어 독사과와 같다고 표현했습니다.[104]

『나는 7년 동안 세계 최고를 만났다』의 저자 알렉스 바나얀은 7년 동안 각 분야에서 세계적으로 성공을 거둔 사람들을 인터뷰하면서 성공 비결을 찾았습니다. 그중에서 그는 스티브 워즈니악을 세상에서 가장 행복한 사람이라고 칭했습니다. 그는 가족, 여행, 반려견 등 삶에 대한 모든 것을 사랑했습니다. 워즈니악은 성공의 비결을 묻는 질문에 두 가지의 인생 목표가 있었고, 그것을 달성하기 위해 노력했다고 말합니다.

첫째는 세상을 바꿀 물건을 만드는 것, 둘째는 나의 기준대로 인생을 사는 것이라고 답했습니다.[105]

그와 인터뷰를 하던 알렉스는 아내와 함께 웃고 있는 스티브 워즈니악을 보면서 이렇게 생각합니다.

"스티브 잡스가 더 성공했다고 누가 말할 수 있을까?"

스티브 워즈니악은 세계 최고의 부자가 되지는 못했습니다. 하지만 누구보다 자신의 일을 사랑했고 더 큰 성공이나 부를 좇기보다는 진정으로 행복해지는 방법을 알고 이를 실천했습니다. 단순히 컴퓨터와 같은 디지털 기기를 만드는 것을 넘어 세상을 변화시키는 예술작품을 만드는 마음으로 엔지니어의 삶을 살았습니다. 그는 그렇게 풍요롭게 '해피리치의 삶'을 살았습니다.

"수많은 가능성 중에 의미 있는 하나를 발견하는 것이 성공이다"

> "행복이란 받을 때가 아니라 줄 때 찾아온다. 지금 누리고 있는
> 모든 풍요로움과 앞으로 다가올 모든 좋은 일에 감사하고,
> 지금까지 받은 축복을 헤아려보면 그것이 바로 행복이다."
>
> ~ 금융인, 존 템플턴 ~

존 템플턴은 월스트리트 역사상 가장 뛰어난 투자자 중 한 명입니다. 그는 성공한 투자자이자 동시에 품격 있는 인격과 높은 수준의 도덕성과 인류애를 갖춘 '투자자들의 영원한 멘토'로 손꼽히는 인물이죠.

존 템플턴은 1937년부터 월 스트리트에서 활동하기 시작해 1954년 자신의 이름을 붙인 뮤추얼 펀드, '템플턴 그로스 펀드'를 출범시켰습니다. 그로스 펀드는 출범 50년 후에는 수익이 6,000%로 불어날 정도로 탁월한 성과를 냈고 그의 명성은 신화가 되었습니다. 그는 1999년 《머니 매거진》에 의해 '금세기 최고의 주식투자가'로 선정되기도 했습니다.[106]

그의 투자 철학은 '비관이 최고조에 달했을 때 투자한다'입니다. 그래서 그로스 펀드는 전쟁 후나 사회적 공황의 시점에서 과감히 투자해 수십, 수백 배의 이익을 내곤 했죠. 예를 들면 그는 1939년 유럽에서 전쟁이 발발했다는 소식을 듣고 뉴욕 주식시장에서 1달러 미만에 거래되고 있던 104개 회사에 1만 달러를 투자해 큰 수익을 거뒀으며, 한국이 IMF 경제위기에 빠져있던 1997년 12월, 한국 주식시장에 투자해 큰 수익을 내기도 했습니다.

또한 존 템플턴은 물질적인 부유함보다는 정신적인 영혼의 부유함에 대해 강조하고 자신의 삶을 통해서 증명했습니다. 어려서부터 자기 절제가 강한 템플턴은 검소, 절약의 습관을 평생 동안 유지했습니다. 그런 그의 훌륭한 인성을 기리기 위해 만든 템플턴 상은 1973년부터 인류에 기여한 종교적 성취가 뛰어난 사람들에게 수여하는 상으로 종교계의 노벨상에 비견됩니다.

그는 또한 자녀들에게 일체의 유산을 남겨주지 않고 사후에 전 재산을 자선사업에 쓸 수 있도록 재단에 기증했습니다. 이로 인한 공로를 인정받아 1987년 엘리자베스 2세 여왕으로부터 기사 작위를 받았습니다. 또한 그는 『존 템플턴의 행복론』이라는 책을 통해 행복에 대해 설명합니다. 그에 따르면 우리 삶의 수많은 가능성 가운데 의미 있는 하나를 발견하는 것이 성공이며, 이 목표를 추구하며 이루기 위해 노력하는 과정에서 행복은 자연스럽게 찾아온다고 말합니다. 즉, 행복은 손에 잡히지 않는 무지개를 좇듯 맹목적으로 추구하는 것이 아닌, 무언가를 하는 중에 얻어지는 부산물인 겁니다.[107]

템플턴에게 돈과 성공은 목적이 아닌 여정입니다. 그리고 행복은 그것을 이루는 과정과 다른 이에게 주는 행위를 통해 얻을 수 있습니다. 행복과 성공은 그 자체를 목적으로 구하는 사람에게는 오지 않습니다. 주어진 일에 최선을 다하려고 애쓰는 사람에게만 주어집니다.

"상상력은 투자의 성패를 좌우하는 중요한 통찰력입니다"

"돈이 많다고 해서 다 부자인 것은 아니다. 무리에서 벗어나
남의 간섭을 받지 않고 삶의 주인으로 살아갈 수 있는 자만이
진정한 의미의 백만장자라고 할 수 있다."

~ 『돈, 뜨겁게 사랑하고 차갑게 다루어라』의 저자, 앙드레 코스톨라니 ~

앙드레 코스톨라니는 좋아하는 일을 통해 부를 이룬 대표적인 해피리치입니다. 무엇보다 부를 이루는 과정을 남다른 통찰력을 가지고 마치 탐험을 떠나는 모험가처럼 즐긴 인물이죠. 코스톨라니는 헝가리 유대인 출신의 투자가입니다. 알려진 바로는 전 세계 10개 도시에 집을 가졌고 35세 이후부터 생계를 위한 돈에 대해서는 걱정해 본 적이 없는 사람입니다. 정말 부러운 인생이죠.

앙드레 코스톨라니는 원래 철학과 미술사를 공부하던 사람이었습니다. 그래서 다른 위대한 투자가들에 비해 예술적인 감성이 매우 뛰어났습니다. 만약 내게 자녀가 있다면 음악가나 화가, 소설가를 시키고 그러고도 더 자녀가 있다면 주식투자를 시킬 것이라고

말했습니다. 그만큼 예술과 투자에 모두 정통한 그는 후대에 주식 투자를 예술의 경지에 올려놓은 사람이라는 평가를 받았습니다.

앙드레 코스톨라니는 35세에 자신의 자본만으로 충분한 수입이 들어올 때 은퇴를 결정했습니다. 지금으로 치면 누구나 꿈꾸는 '파이어족'에 해당하죠. 하지만 행복하지 않았다고 합니다. 일이 없는 시기에 그는 우울증에 걸립니다. 그리고 이를 극복하기 위해 다시 일을 시작합니다. 금융 저널리스트와 작가라는 새로운 직함입니다. 그는 자신의 투자 경험과 돈에 대한 철학으로 13권의 책을 펴내 세계적인 베스트셀러 작가가 되었습니다.

코스톨라니는 자신의 직업인 투자가와 작가를 '세상에서 가장 멋진 직업'이라고 말했습니다.[108] 투자가로 살아갈 때 그는 단순히 돈을 버는 데 만족하지 않고 자신의 판단이 옳았다고 입증될 때 진정한 희열을 느꼈습니다. 치열한 이성의 영역으로 알려진 투자 분야에서 '직관'과 '상상력'의 중요성은 무척 중요하다고 강조합니다. 그는 투자할 때 과거와 현재의 정보인 지식이 아니라 미래에 생길 변수들에 의한 변화를 상상하는 능력이 성패를 좌우한다는 통찰력을 보여주기도 했습니다. 그가 투자가를 멋진 직업이라고 말하는 이유는 세상의 소란한 다툼에서 한 발자국 떨어져서 조용히 생각하고 행동하기 때문입니다. 그들은 힘든 일을 하지 않아도 되고 돈에 눈먼 사람들과 말다툼을 하지 않아도 됩니다. 그리고 투자할 때 단순히 돈을 많이 버는 것이 아닌 과정 자체를 즐기는 것이 중요하다고 강조합니다.

코스톨라니는 투자를 탐욕과 비이성이 지배한다며 자신만의 창의적인 철학을 바탕으로 투자를 새롭게 해석했습니다. 그리고 그 과정을 누구보다 즐긴 해피리치입니다. 투자로도 큰 부를 얻었지만 많은 사람이 투자를 제대로 접근하고 이를 통해 풍요로운 삶을 살도록 하기 위해 글을 쓰고 강의하면서 지혜를 나누며 풍요로운 삶을 살았습니다.

"누구나 따라 하는 트렌드가 아닌 불가능한 사명을 찾아라"

"저는 사회 혁신의 발전과 속도를 높이는 방법을 생각하는,
거대한 움직임의 일부가 되고 싶습니다."

~ 기업인, 피터 틸 ~

피터 틸은 현재 실리콘밸리를 대표하는 페이팔 마피아의 중심인 물로 세상 곳곳에서 파괴적 혁신을 일으키고 있는 인물입니다. 그는 이미 2002년 페이팔을 이베이에 매각한 후 큰 부자가 되었고, 그 이후에 대표적인 스타트업인 테슬라, 페이스북 등에 투자하여 어마어마한 부를 쌓았습니다. 그러나 이미 큰 부를 이룬 그는 여전히 왕성하게 활동하며 세상에 열정을 잃지 않고 있습니다. 무엇이 그를 움직이게 할까요?

피터 틸은 자신을 항상 '자유주의자'라고 강조합니다. 그래서 그는 새로운 형태의 사회적·경제적 생활을 시험해 볼 곳을 개척해야 한다고 생각합니다. 그가 주목하는 것은 인터넷이나 우주, 해상 등

의 새로운 자유 공간으로 우리를 이동할 수 있게 해 주는 신기술입니다.

피터 틸은 빅데이터 분석 기업 '팔란티어'의 공동 창업자이기도 합니다. '팔란티어'는 영화 〈반지의 제왕〉의 시공간을 초월해 세상을 볼 수 있는 '마법 구슬'에서 이름을 따왔습니다. 틸이 팔란티어를 창업할 때 그는 소프트웨어와 데이터 분석을 활용해 세상을 더 안전하고 공정하게 만들겠다는 사명을 갖고 있었습니다.

팔란티어의 첫 번째 분석 솔루션인 '팔란티어 고담'은 영화 〈배트맨〉의 배경이 되는 범죄 도시의 이름으로, 배트맨처럼 시민들을 지켜준다는 의미를 담고 있죠. 이 소프트웨어는 데이터와 알고리즘을 이용해 조기에 위협을 적발해 냅니다. 그리고 또 다른 소프트웨어 '팔란티어 파운드리'는 금융 사기 피해 방지, 기업 내부 비리 포착 등 기업 운영의 투명성을 높여주는 기술에 활용되고 있습니다.

또한 그는 틸 재단을 설립해 자신의 사명을 이루고자 노력합니다. 그는 자선가로서 펼치는 활동이 사회 전체에 부가가치를 창출해야 한다고 생각합니다. 그래서 틸 재단은 학교를 그만두고 새로운 아이디어를 실현하고자 하는 청년들을 위한 장학금과 초기 단계에 있는 참신한 학술 사업을 지원하고, 자금을 제공하는 연구소를 운영합니다. 그리고 인공지능 기술 적용과 노화 방지와 같은 난제를 해결하기 위한 노력도 하고 있죠.

그는 2015년 일론 머스크, 리드 호프먼 등과 같은 자신의 페이팔 창업 동료들과 함께 비영리 인공지능 연구 단체 '오픈 AI'를 설립해 인공지능의 혜택이 소수가 아닌, 인류 전체에게 돌아가는 방향으로 발전시키고자 노력하고 있습니다.

이처럼 피터 틸은 진정한 성공을 위해 트렌드가 아닌 대체 불가능한 사명을 찾고자 노력해 왔습니다. 그에게 돈과 성공은 자신이 원하는 세상을 만드는 도구에 불과합니다. 자신만이 할 수 있는 일을 찾아 그것을 현실화하고 그로 인해 세상이 더 나은 방향으로 변화하는 것이 그가 말하는 진정으로 풍요롭고 행복한 인생입니다.

"돈의 중요성을 깨달아 행복으로 전환하라!"

"인간이 달에까지 가는 세상에 어째서 가난은 사라지지 않는가?
우리는 마침내 가난 없는 세상을 이룩할 것입니다. 우리는 성공해야 합니다."

~ 기업인, 무함마드 유누스 ~

무함마드 유누스는 가난한 사람들을 위한 은행가로 불리며 빈민층에게 담보 없이 돈을 빌려줘 자활을 도운 사람입니다. 그리고 그는 이 혁신적인 방법을 통해 방글라데시의 빈곤 퇴치에 기여한 공로로 노벨평화상을 수상했습니다.

그는 경제와 자본주의의 창조적인 역동성을 이용하여 빈곤 문제, 환경오염, 의료와 교육 분야의 불평등에 이르는 여러 가지 사회 문제를 해결하는 '사회적 기업'을 제안한 인물이기도 합니다. 그는 '가난 없는 세상'이라는 자신만의 사명을 위해 '돈'을 제대로 이용한 해피리치의 삶을 살았습니다. 그는 경제학 전문가이지만 단순한 학문이 아닌 현실문제에 집중했습니다. 대학에서 경제학을 가르치는 일을 했지만, 강의실을 나서자마자 주변에서 굶어 죽어가는 사람들을 외면할 수 없었습니다. 거리의 사람들은 가난으로 잔혹하게 상처를 입고, 처참하게 짓밟히고 있었습니다. 가난한 사람은 더욱 가난해졌고 삶은 더욱 잔혹해졌죠. 이런 지옥 같은 현실을 보다 못한 그는 가난을 이기기 위해서는 조건 없이 주어지는 단발성의 자선보다는 근본적인 해결책이 필요하다는 생각을 합니다. 그래서 안정적이고 편안한 대학교수직을 버리고 '가난'을 해결하기 위해 나서게 되죠.

그는 자신의 경제학 지식을 발휘해 빈곤을 연구한 뒤 가난의 굴레가 고리대금업에서 출발한다는 것을 알아냈습니다. 은행으로부터 대출을 거절당하는 사람들은 돈이 필요할 때마다 고리대금을 사용해야만 했고 하루종일 벌어도 원금은커녕 이자만 갚기에도 턱없이 부족하다는 사실을 감지합니다. 그래서 그는 소액인 27달러(한화 약 3만 원 정도)를 대출해 주는 은행을 만듭니다. 이것이 바로 가난한 사람들을 위해 그라민 은행이 진행한 '마이크로크레딧 사업'입니다. 이 시스템은 기존의 은행시스템이 해 주지 못하던 소액융자를 통해 가난한 자들이 스스로의 힘으로 가난을 극복할 수 있도록 도와주었습니다. 당시 그라민 은행 덕분에 방글라데시 극빈자 600만 명의 58%가 절대 빈곤에서 벗어날 수 있게 되었다고 합니다.

그라민 은행은 돈을 빌려주는 것을 넘어 사람들이 수익을 얻도록 돕기도 했습니다. 이처럼 그라민 은행의 융자 시스템은 특별했습니다. 같은 지역에 살고 있는 하위 25%의 다섯 명의 사람들을 한 그룹으로 묶어서 한 명씩 순서대로 대출해 줍니다. 먼저 돈을 빌린 사람이 기한에 맞춰 돈을 갚지 않으면 다른 사람은 돈을 빌릴 수 없도록 했습니다. 이는 신용을 목숨보다 중요하게 여기는 자본주의 사회의 특성을 일깨우며 한 개인의 경제활동이 무엇보다 우선시 되어야 한다는 사실을 알게 한 제도입니다.

이처럼 자립으로 가난의 고통에서 벗어나게 도와준 놀라운 시스템이 바로 무함마드 유누스가 만든 '마이크로크레딧 사업'이었습니다. 무함마드 유누스는 돈의 중요성을 알고 이를 행복으로 전환하는 데 경제학이라는 도구를 제대로 사용할 줄 알았던 해피리치였습니다.

누구나 '해피'하고 '리치'하게 살기 위해

우리는 긴 페이지를 통해 불가능할 것처럼 보이는 부와 행복을 모두 누리는 삶에 대해 이야기 나눴습니다.

부의 대가들에 따르면 누구나 '해피리치'가 될 수 있습니다. 단, 그 '해피'와 '리치'의 조건이 현재 여러분이 가진 상황에 비해 턱없이 높다면 요원해질 수 있겠죠. 그러니 자신이 가진 환경 속에서 '해피'하고 '리치'하게 살아가는 방법이 중요합니다.

그러려면 미래의 부를 추구하기 위해 현재의 행복과 풍요로움의 추구를 더 이상 미뤄서는 안 됩니다. 많은 부와 행복 전문가가 말하는 것처럼 지금 당장 '행복한 부자가 되는 삶'을 살지 않으면 변화는 영원히 오지 않습니다. 다행히 변화를 위한 방법은 어렵지 않습니다. 해피리치의 라이프스타일은 간단한 원칙들로 구성되어 있으며, 누구나 실천할 수 있습니다.

이 책은 다소 충돌할 수 있는 행복을 위한 존재 지향적 가치관과 부를 위한 소유 지향적 가치관을 모두 다루고 있습니다. 자신의 상황에 따라 가장 와닿는 부분을 기억하기 바랍니다. 그리고 제가 소개한 방법과 그 분야 전문가들의 책과 강의를 반복해서 접해 보기 바랍니다.

저는 무엇보다 자신만의 해피리치의 롤모델을 창조할 것을 권합니다. 돈, 일, 인간관계, 건강, 기부 등에서 자신이 원하는 모습을 상상해 보는 겁니다. 굳이 실존하는 인물일 필요는 없습니다. 다양한 롤모델 중에서 자신에게 가장 잘 어울리는 자신만의 가상의 롤모델을 만들고 해피리치가 되어가는 과정에서 가상의 그라면 어떻게 행동할지를 떠올려보고 그에 맞는 행동을 하면 됩니다. 그러다 보면 우리도 언제가 내가 바라는 해피리치의 삶을 살고 있을 것입니다.

저는 이 책을 읽는 여러분이 영화 〈제리 맥과이어〉의 주인공처럼 여러분만의 '콴'을 찾기를 바랍니다. 그렇게 되어 일상을 행복하게 살고, 동시에 경제적 자유를 누리길 바랍니다. 돈을 통해 보다 가치 있는 일에 인생의 많은 시간을 보내면 좋겠습니다. 그리고 무엇보다 돈 때문에 고통받거나 불행하지 않았으면 좋겠습니다. 우리는 아직 해피리치가 되는 방법을 제대로 배운 적이 없을 뿐입니다. 하지만 누구나 행복하고 풍요로운 해피리치의 삶을 살 수 있는 잠재력을 가지고 있습니다.

이 책의 내용이 조금이나마 여러분의 삶의 행복이나 경제적 자유에 기여하면 좋겠습니다. 그리고 무엇보다 여러분이 해피리치가 되어 진정으로 풍요로운 삶을 살기를 소망합니다.

참고 문헌

1   데이비드 크루거&존 데이비드 만,『돈에 관한 모든 것』, 시아. 2021.

2   데이비드 크루거&존 데이비드 만,『돈에 관한 모든 것』, 시아. 2021.

3   클로테르 라파이유,『컬처 코드』, 리더스북. 2007.

4   김누리,『우리의 불행은 당연하지 않습니다』, 해냄출판사. 2020.

5   https://m.kmib.co.kr/view.asp?arcid=0016491006.

6   허태균,『어쩌다 한국인』, 중앙북스. 2015.

7   https://www.joongang.co.kr/article/6280335.

8   김태형,『풍요중독사회』, 한겨레출판. 2020.

9   https://www.kbfg.com/kbresearch/report/reportView.do?
    reportId=2000189

10 김태형,『가짜 행복 권하는 사회』, 갈매나무. 2021.

11 김태형,『풍요중독사회』, 한겨레출판. 2020.

12 김난도 외,『트렌드코리아 2022』, 미래의창. 2021.

13 에리히 프롬,『소유냐 존재냐』, 까치. 2020.

14 https://www.mk.co.kr/news/economy/view/2022/09/773118/

15   모종린,『인문학, 라이프스타일을 제안하다』, 지식의숲. 2020.

16   스콧 리킨스,『파이어족이 온다』, 지식노마드. 2019.

17   찰스 윌런,『돈의 정석』, 부키. 2020.

18   에리히 프롬,『소유냐 존재냐』, 까치. 2020.

19   이즈미 마사토,『돈이란 무엇인가』, 오리진하우스. 2017.

20   데이비드 크루거 & 존 데이비드 만,『돈이란 무엇인가』, 시아. 2021.

21   https://www.joongang.co.kr/article/6328389

22   제롬 브루너,『다시 생각해 보는 브루너 교육의 문화』, 교육과학사. 2021.

23   소냐 류보머스키,『행복의 신화』, 지식노마드. 2013.

24   김난도 외,『트렌드코리아 2021』, 미래의창. 2020.

25   정해숙,「청소년 랩에 대한 라깡 정신분석적 탐구 : 음악치료로서의 랩」, 명지대학교 일반대학원 박사논문. 2010.

26   마틴 린드스트롬,『누가 내 지갑을 조종하는가』, 웅진지식하우스. 2012.

27   EBS 자본주의 제작팀, 정지은, 고희정,『자본주의』, 가나출판사. 2013.

28   EBS 자본주의 제작팀, 정지은, 고희정,『자본주의』, 가나출판사. 2013.

29   지그문트 바우만,『액체 현대』, 필로소픽. 2022.

30 EBS 자본주의 제작팀, 정지은, 고희정, 『자본주의』, 가나출판사. 2013.

31 세르주 라투슈, 『낭비 사회를 넘어서』, 민음사. 2014

32 데이비드 호킨스, 『의식 혁명』, 판미동. 2011.

33 허태균, 『어쩌다 한국인』, 중앙북스. 2015

34 김태형, 『풍요중독 사회』, 한겨레출판. 2020.

35 김태형, 『가짜 행복 권하는 사회』, 갈매나무. 2021.

36 김태형, 『가짜 행복 권하는 사회』, 갈매나무. 2021.

37 하노 벡, 『내 안에서 행복을 만드는 것들』, 다산초당. 2018.

38 에리히 프롬, 『소유냐 존재냐』, 까치. 2020.

39 토머스 스탠리, 『이웃집 백만장자』, 리드리드출판. 2022.

40 소냐 류보머스키, 『행복의 신화』, 지식노마드. 2013.

41 저우신위에, 『심리학이 돈을 말하다』, 미디어숲. 2021.

42 최인철, 『굿라이프』, 21세기북스. 2018.

43 조엘 쿠퍼먼, 『훌륭한 인생에 관한 여섯 개의 신화』, 황소자리. 2010.

44 버트런드 러셀, 『행복의 정복』, 사회평론. 2005.

45 황농문, 『몰입』, 알에이치코리아. 2007.

46 하노 벡, 『돈보다 더 중요한 것들』, 다산초당. 2021.

47 소냐 류보머스키, 『행복의 신화』, 지식노마드. 2013.

48 소냐 류보머스키, 『행복의 신화』, 지식노마드. 2013.

49   최인철,『굿라이프』, 21세기북스. 2018.

50   소냐 류보머스키,『행복의 신화』, 지식노마드. 2013.

51   엘리자베스 던,『당신이 지갑을 열기 전에 알아야 할 것들』, 알키. 2013.

52   소냐 류보머스키,『행복의 신화』, 지식노마드. 2013.

53   조르디 쿠아드박,『행복한 사람들은 무엇이 다른가』, 북로드. 2014.

54   소냐 류보머스키,『How to be happy』, 지식노마드. 2008.

55   마틴 셀리그만,『플로리시』, 물푸레. 2011.

56   소냐 류보머스키,『How to be happy』, 지식노마드. 2008.

57   로버트 홀든,『행복을 내일로 미루는 바보』, 지식노마드. 2010.

58   최인철,『프레임』, 21세기북스. 2018.

59   조르디 쿠아드박,『행복한 사람들은 무엇이 다른가』, 북로드. 2014.

60   데즈카 치사코,『일단 나부터 칭찬합시다』, 피카. 2022.

61   EBS 자본주의 제작팀, 정지은, 고희정,『자본주의』, 가나출판사. 2013.

62   이시형,『세로토닌하라』, 중앙북스. 2010.

63   이시형,『행복도 배워야 합니다』, 특별한서재. 2021.

64   이시형,『세로토닌하라』, 중앙북스. 2010.

65   울리히 슈나벨,『확신은 어떻게 삶을 움직이는가』, 인플루엔셜. 2020.

66   황농문,『몰입』, 알에이치코리아. 2007.

67 리처드 코치,『80/20 법칙』, 21세기북스. 2021.

68 이즈미 마사토,『돈이란 무엇인가』, 오리진하우스. 2017.

69 데이비드 크루거&존 데이비드 만,『돈이란 무엇인가』, 시아. 2011.

70 게오르그 짐멜,『돈이란 무엇인가』, 길. 2014.

71 톰 콜리&마이클 야드니,『부자 습관 가난한 습관』, 한국경제신문. 2022.

72 탈 벤 샤하르,『완벽의 추구』, 위즈덤하우스. 2010.

73 https://www.joongang.co.kr/article/6386263.

74 토머스 스탠리,『이웃집 백만장자 변하지 않는 부의 법칙』, 비즈니스북스. 2019.

75 혼다 켄,『부자가 되려면 부자에게 점심을 사라』, 더난출판사. 2004.

76 라이너 지텔만,『부의 해부학』, 토네이도. 2020.

77 김금선,『내 아이의 부자 수업』, 한국경제신문. 2021.

78 김금선,『내 아이의 부자 수업』, 한국경제신문. 2021.

79 모건 하우절,『돈의 심리학』, 인플루엔셜. 2021.

80 헤이르트 호프스테드,『세계의 문화와 조직』, 학지사. 2014.

81 나심 탈레브,『블랙 스완』, 동녘사이언스. 2018.

82 하워드 막스,『투자와 마켓 사이클의 법칙』, 비즈니스북스. 2018.

83 크리스티안 부슈,『세렌디피티 코드』, 비즈니스북스. 2021.

84 닐 파텔,『허슬, 멈추지 않는 추진력의 비밀』, 21세기북스. 2018.

85 조르디 쿠아드박, 『행복한 사람들은 무엇이 다른가』, 북로드. 2014.

86 샌드라 앤 테일러, 『부와 행복의 놀라운 성공법칙 28가지』, 기원전. 2011.

87 데이비드 바크, 『자동 부자 습관』, 마인드빌딩. 2018.

88 러셀 폴드랙, 『습관의 알고리즘』, 비즈니스북스. 2022.

89 하워드 가드너, 『열정과 기질』, 북스넛. 2004.

90 미하이 칙센트미하이, 『창의성의 즐거움』, 더난출판사. 2003.

91 사이먼 시넥, 『인피니트 게임』, 세계사. 2022.

92 이즈미 마사토, 『돈이란 무엇인가』, 오리진하우스. 2017.

93 다니엘 핑크, 『프리에이전트의 시대가 오고 있다』, 에코리브르. 2001.

94 롤프 옌센, 『드림 소사이어티』, 리드리드출판. 2000.

95 타일러 코웬, 『상업문화 예찬』, 한국문화경제학회. 2003.

96 다치바나 아키라, 『행복의 자본론』, 시목. 2018.

97 리처드 코치, 『80/20 법칙』, 21세기북스. 2021.

98 폴 돌런, 『행복은 어떻게 설계되는가』, 와이즈베리. 2015.

99 웨인 다이어, 『행복한 이기주의자』, 21세기북스. 2019.

100 마이클 엘스버그, 『졸업장 없는 부자들』, 21세기북스. 2012.

101 https://news.mt.co.kr/mtview.php?no=2021070613522112075

102 에릭 리스, 『린 스타트업』, 인사이트. 2012.

103 김난도 외, 『트렌드 코리아2021』, 미래의 창. 2020.

104 스티브 워즈니악&지나 스미스, 『스티브 워즈니악』, 청림출판, 2008.

105 알렉스 바나얀, 『나는 7년 동안 세계 최고를 만났다』, 알에이치코리

아. 2019.

106 로버트 허만, 『존 템플턴』, 굿모닝북스. 2004.

107 존 템플턴, 『존 템플턴의 행복론』. 굿모닝북스. 2006.

108 앙드레 코스톨라니, 『돈이란 무엇인가』, 이레미디어. 2016.

해피리치의 지갑에는
무엇이 들었을까

펴낸날 2024년 12월 20일 1판 1쇄

지은이 한지우
펴낸이 김영선
편집주간 이교숙
교정·교열 정아영, 나지원, 이라야, 남은영
경영지원 최은정
디자인 검정글씨 민희라
마케팅 신용천

펴낸곳 미디어숲
주소 경기도 고양시 덕양구 청초로 10 GL 메트로시티한강 A동 20층 A1-2002호
전화 (02) 323-7234
팩스 (02) 323-0253
홈페이지 www.mfbook.co.kr
출판등록번호 제 2-2767호

값 17,800원
ISBN 979-11-5874-240-9(43300)

미디어숲과 함께 새로운 문화를 선도할 참신한 원고를 기다립니다.
이메일 dhhard@naver.com (원고 및 기획서 투고)